동물로 보는 한국사 이야기 ❷
조선 중기부터 현대까지

1판 1쇄 인쇄   2020년 4월 20일
1판 1쇄 발행   2020년 4월 27일

글쓴이   신현배
그린이   김규준
펴낸이   이경민

펴낸곳   ㈜동아엠앤비
주소   (03737) 서울특별시 서대문구 충정로 35-17 인촌빌딩 1층
전화   (편집) 02-392-6901 (마케팅) 02-392-6900
팩스   02-392-6902
이메일   damnb0401@naver.com
SNS
출판등록   2014년 3월 28일(제25100-2014-000025호)

ISBN   979-11-6363-191-0 (74910)
       979-11-6363-189-7 (세트)

※ 잘못된 책은 구입한 곳에서 바꿔 드립니다.
※ 이 도서의 국립중앙도서관 출판예정도서목록(CIP)은 서지정보유통지원시스템 홈페이지(http://seoji.nl.go.kr)와
   국가자료공동목록시스템(http://www.nl.go.kr/kolisnet)에서 이용하실 수 있습니다. (CIP제어번호 : CIP2020014035)

도서출판 뭉치는 ㈜동아엠앤비의 어린이 출판 브랜드로, 아이들의 지식을 단단하게 만들어주고, 아이들의 창의력과 사고력을 키워주어 우리 자녀들이 융합형 창의 사고뭉치로 성장할 수 있도록 좋은 책을 만들겠습니다.

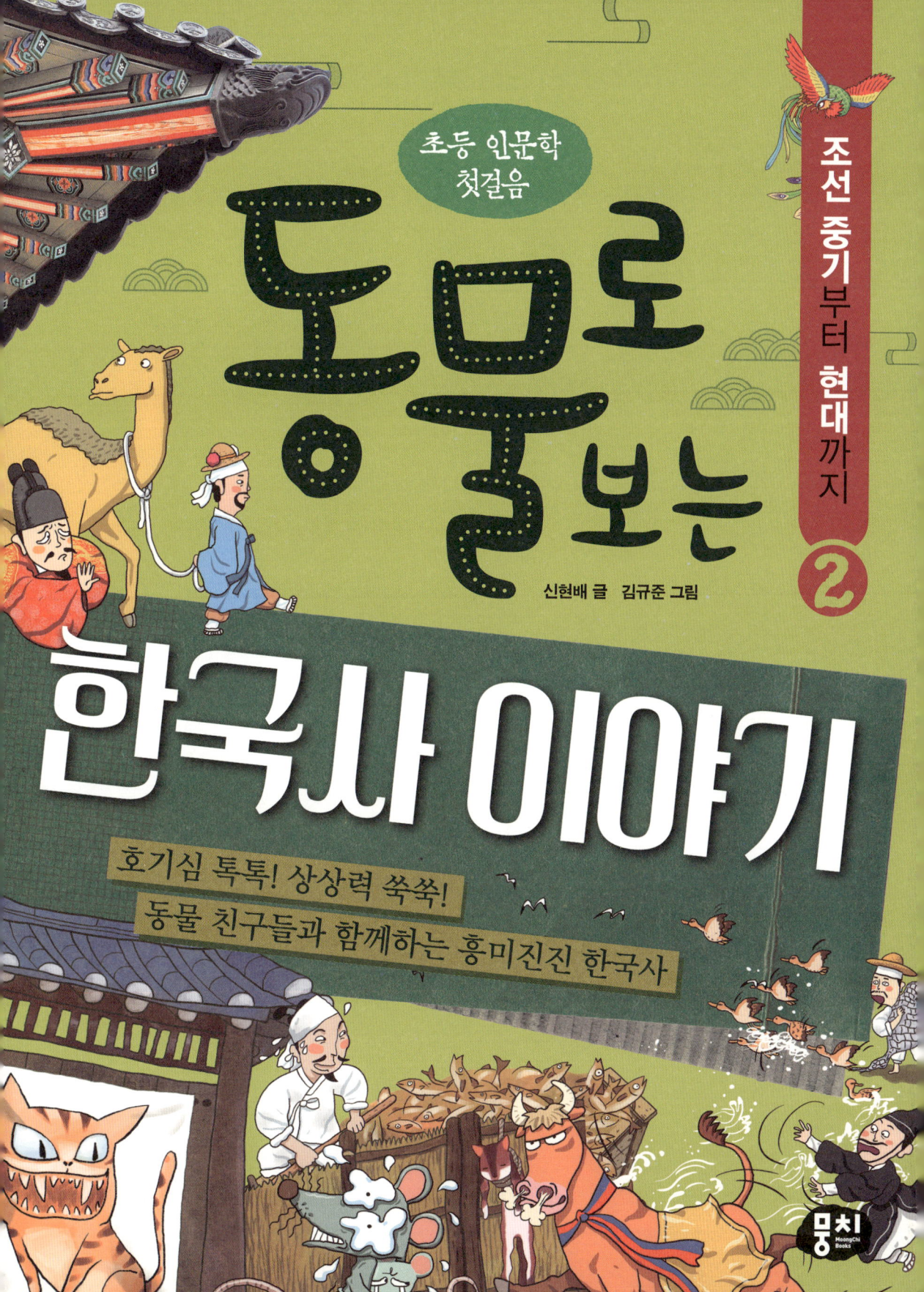

작가의 글

신비롭고 흥미진진한
역사 속 동물 이야기

　우리나라에는 개·고양이 등의 반려동물을 키우는 인구가 천만 명이나 된다고 하지? 네 집 가운데 한 집은 반려동물을 키우고 있으니, 우리나라 사람들이 얼마나 동물을 사랑하고 아끼는지 몰라. 우리 역사를 살펴보더라도 우리 민족이 동물과 각별한 사이였음을 알 수 있단다.

　여러분은 고조선을 세운 단군 이야기를 들어 보았지? 단군은 곰의 아들이야. 곰은 호랑이와 함께 굴속에 들어가 마늘과 쑥을 먹으며 삼칠일 동안 참고 견딘 끝에 소원대로 사람이 되지. 그 뒤 하느님의 아들인 환웅과 결혼하여 단군을 낳은 거야.

　이 이야기에서 곰과 호랑이는, 토착 부족인 곰을 숭배하는 부족과 호랑이를 숭배하는 부족을 상징한다고 해. 하늘의 부족이라고 주장하는 외래 부족이 곰을 숭배하는 부족과 호랑이를 숭배하는 부족을 몰아내고 새 나라를 세운다는 것이지.

이렇게 우리 역사는 곰과 호랑이의 단군 신화 이야기부터 시작되는데, 고구려·신라·가야의 시조는 모두 알에서 태어난 사람이 나라를 세운다는 공통점이 있단다. 그것은 새로운 땅에 새 나라를 세우려는 사람들이, 그 땅에 터를 잡고 사는 백성들에게 자신을 특별한 존재로 나타내고 싶어 해서야. 이를테면 자신은 하늘이 이미 정해 놓은 왕으로서 태양의 아들이라고 하여 '선민사상'을 보여 주는 거지. 그럴 때 가장 효과적인 것이 태양이야. 태양이 둥그니 시조가 둥근 모양을 한 알에서 태어났다고 하면 평범한 백성들에게는 아주 특별하고 신비로운 존재로 보이겠지? 태양의 아들로 믿고 싶어질 만큼……. 또한 고대 사회에서 닭은 신비한 능력을 가진 신성한 새로 숭배를 받았어. 해 뜨는 시각을 알려 주니 하늘의 기운을 받은 신비한 동물로 여겼지. 게다가 닭은 다산과 생명력의 상징인 알을 낳잖아. 그러니 새라고 하면 먼저 닭을 생각하고, 새알이라고 하면 닭의 알, 즉 계란을 우선 떠올리지. 이런 이유로 해서 고대의 건국 신화에서는 시조들이 대부분 알에서 태어났다는 '난생 신화'가 나타나게 된 것이란다.
　동물과 관련된 역사 이야기를 좀 더 알아볼까?
　압록강 중류 일대에 자리 잡은 작은 나라였던 고구려가 비류국·행인국·북옥저·개마국·구다국·낙랑국·동옥저 등 주위에 있던 여러 나라들을 정복하여 한반도 북부와 만주 지역을 차지

한 대제국이 되었지. 그것은 고구려가 말과 철을 사용하여 만든 막강한 철갑 기병이 있었기 때문이야. 철갑 기병은 말과 기병이 강철 갑옷으로 무장한 군단을 말해. 철갑으로 무장한 말을 '개마', 개마에 탄 기병을 '개마 무사'라고 하지. 고구려 사람들은 오랜 옛날부터 야생마를 잡아 길들였는데, 철갑 기병 조직을 위해 말을 많이 늘리고 철저히 보호했어. 말을 몰래 죽이는 사람은 노비 신분으로 떨어뜨리기까지 했지. 고구려는 말을 많이 확보하고 좋은 철로 생산한 무기로 철갑 기병을 무장함으로써, 중국에 맞서 싸워 이겨 대제국으로 성장할 수 있었단다.

조선 시대에는 '주금(酒禁)'·'송금(松禁)'·'우금(牛禁)'의 세 가지를 금한다는 '삼금 정책'이 있었어. 주금은 흉년에 곡식을 아끼려고 일정한 기간 동안 술을 빚어 팔거나 마시지 못한다는 것이었고, 송금은 건축 재료로 쓰이는 소나무를 가꾸고 보호하기 위해 소나무를 몰래 베지 못한다는 것이었어. 그리고 우금은 농사에 꼭 필요한 소를 함부로 잡지 못한다는 것이었지. 농가에서 소는 매우 귀중한 가축이었어. 논이나 밭을 갈 때 쟁기를 끌어 쓸모가 많았거든. 적어도 대여섯 사람 몫의 힘을 발휘해 중요한 노동력이었지. 따라서 농사에 꼭 필요한 소를 확보하기 위해서라도 소를 함부로 잡는 것을 막아야 했단다. 그래서 조선 시대 태조 7년(1398년) "소를 함부로 잡지 말라!"는 우금령을 내린 거야.

『동물로 보는 한국사 이야기』는 동물을 통해 본 우리 역사 이야기야. 오천 년 한국사에서 우리 민족과 함께했던 여러 동물의 이야기를 한자리에 모았어. 딱딱하고 지루한 역사 이야기가 아니라, 곰·호랑이·소·말·돼지·개·고양이·쥐·닭·토끼·코끼리·낙타·물오리·고래·거북·메뚜기·용·봉황·지렁이·잉어·매·복어·송충이·대구·이·양·거머리·꺽지·도루묵·명태·조기·홍어·파리 등등 다양한 동물들이 주인공으로 등장하여, 흥미진진한 역사 이야기가 펼쳐진단다. 우리 역사에 영향을 미친 동물 이야기를 읽다 보면 오천 년 한국사가 한눈에 들어오고, 새로운 눈으로 역사를 볼 수 있는 좋은 기회가 될 거야.

2020년 3월
신현배

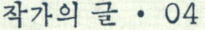
차례

작가의 글 • 04

01 한양까지 천 리를 달려 주인의 심부름을 한 개 • 12
02 닭은 왜 신사임당 그림을 쪼아 구멍을 냈을까? • 20
03 양들은 왜 궁궐에서 쫓겨났을까? • 26
04 쥐를 잡아 세자의 침실 창문 밖에 매달아 놓다 • 32
05 거머리로 종기 치료를 받은 중종 • 38
06 임꺽정은 관군이 잡으러 오면 껴지로 변해 강물 속에 숨었다? • 42
07 누에고치 덕분에 벼슬을 얻은 선비, 고치 • 48
08 선조는 왜 담비 가죽옷을 개털 옷이라 속였을까? • 52
09 맨손으로 호랑이를 잡은 김덕령 • 58
10 진돗개들은 일본 배들이 쳐들어오는 것을 미리 알았다? • 64
11 임진왜란 때 왜적의 침입 소식은 봉수 대신 말을 달려 전해졌다 • 68
12 선조는 피란길에 도루묵을 맛보았다? • 74
13 명태가 조선 사람들을 먹여 살렸다? • 80
14 원균 장군의 죽음을 알리러 천 리 길을 달려온 애마 • 88
15 혼례식 날 타라고 왕의 말을 사위에게 보낸 인목대비 • 92
16 제사에 올릴 희생 소가 미쳐 날뛰다 • 98
17 조기잡이 신이 된 임경업 장군 • 104
18 효종이 사랑한 어마 '벌대총'과 양천 현감 • 110

19 개똥을 약에 쓰려고 궁궐 내의원에서 개를 길렀다? • 116
20 청나라 사신이 버리고 간 낙타 • 120
21 일본에서는 조선 통신사를 접대하려고 개를 사육했다? • 126
22 물오리를 잡지 말라고 명한 숙종 • 132
23 암탉에게 '우계(友鷄)'라는 이름을 지어 준 이익 • 138
24 고래 눈알과 수염을 세금으로 내라? • 144
25 '책벌레' 이덕무와 책을 갉아먹는 좀벌레 • 150
26 풍랑을 만나 표류하다가 필리핀에 도착한 홍어 장수 문순득 • 156
27 '파리를 조문하는 글'을 쓴 정약용 • 164
28 어떻게 하면 동물을 쉽게 잡을 수 있을까? • 172
29 사람들이 다툴 때 옳지 못한 사람을
   뿔로 받아 버리는 해태 • 182
30 주인의 원수를 갚은 개 • 186
31 오천 오백 냥을 바쳐 벼슬을 받은 과부 집 개, 황발이 • 194
32 일본에서 이륜마차를 들여온 박영효 • 202
33 고양이 그림을 대문에 붙여 놓으면 콜레라 귀신이 달아난다? • 208
34 대구와 일본에 불어닥친 개 소탕 작전 • 212
35 돈 주고 '파리'를 사들인 조선 총독부 • 216
36 태평양 바다에 빠졌다가 거북 등을 타고 살아 돌아오다 • 222
37 자신을 돌봐 준 이웃집 할머니의
   묘소를 찾아가 눈물을 흘린 소, 누렁이 • 230

참고문헌 • 234

연표

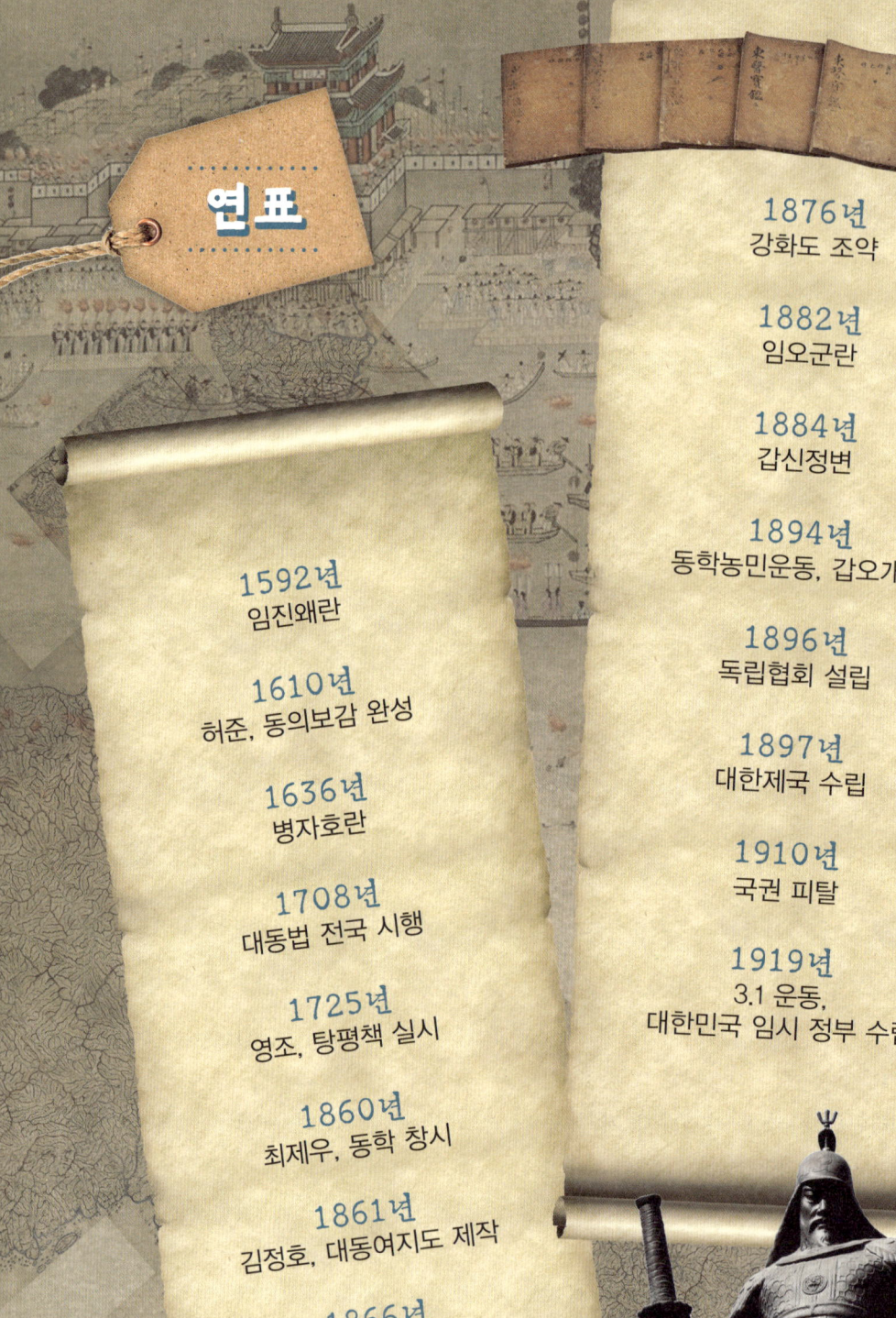

1876년
강화도 조약

1882년
임오군란

1884년
갑신정변

1894년
동학농민운동, 갑오개혁

1896년
독립협회 설립

1897년
대한제국 수립

1910년
국권 피탈

1919년
3.1 운동,
대한민국 임시 정부 수립

1592년
임진왜란

1610년
허준, 동의보감 완성

1636년
병자호란

1708년
대동법 전국 시행

1725년
영조, 탕평책 실시

1860년
최제우, 동학 창시

1861년
김정호, 대동여지도 제작

1866년
병인양요

1871년
신미양요

1920년
봉오동 전투, 청산리 전투

1945년
8.15 광복

1948년
제주도 4.3 사건
대한민국 정부 수립

1950년
6.25 전쟁(~1953)

1953년
휴전 협정

1960년
4.19 혁명

1961년
5.16 군사 정변

1980년
5.18 민주화 운동

1987년
6월 민주 항쟁

1988년
제24회 서울 올림픽 대회 개최

1991년
남북한 UN 동시 가입

2000년
6.15 남북 공동 선언 발표

2002년
제17회 한일 월드컵 축구대회 개최

2007년
제2차 남북 정상 회담

2018년
제23회 평창 동계 올림픽 대회 개최,
남북 정상 회담

01

한양까지 천 리를 달려
주인의 심부름을 한 개

광주시 동구 양림동에는 정엄의 효행 정려비가 있어. 그 정려비 앞에는 '개비'라고 불리는 석상이 있는데, 이곳 사람들은 이 석상을 '양촌 공의 충견상'이라고 하지. 양촌 공은 중종 때 전라 감사를 지낸 광주 정 씨인데, 자신이 기르던 개를 한양 천 리까지 심부름을 보냈다는구나.

이 개의 이름은 누렁이야. 양촌 공은 누렁이를 강아지 때부터 길렀는데 여간 영특한 게 아니었어. 주인을 그림자처럼 따르며 지켜 줄 뿐 아니라 주인의 모든 심부름을 도맡아 했던 거야.

양촌 공은 급하게 소식을 전할 일이 있으면 누렁이를 직접 보냈어. 누렁이는 한 번 일을 맡으면 밤낮을 가리지 않고 열심히 달렸기 때문에 말을 타고 가는 사람보다 훨씬 더 빨랐단다.

누렁이는 입에는 공문서를 물고, 목에는 엽전을 넣은 전대를 차고 다녔어. 길을 가다가 배가 고프면 주막에 들러 밥을 사 먹기도 했단다.

사람들은 누렁이만 나타나면 이렇게 수군거렸어.

"여보게, 저 개가 어떤 개인지 아는가?"

"아, 저기 목에 전대를 찬 개 말인가?"

"그래, 아주 늠름하게 잘생겼지? 저 개가 바로 그 유명한 누렁이라네."

"누렁이라면 전라 감사 어른이 애지중지 키운다는 개 아닌가?"

"그렇지. 영특하기로 따진다면 조선 제일이지."

"고놈 참 기특하네!"

주막 안에 있던 사람들은 누구나 할 것 없이 누렁이를 바라보았어. 누렁이는 마치 사람처럼 점잖게 앉아서 식사를 기다리고 있었지.

"가만있자, 입에 물고 있는 게 뭐지?"

"뭐긴 뭐야, 공문서지. 누렁이는 지금 전라도 광주 땅에서 한양까지 심부름을 가는 길이거든."

"광주에서 한양까지는 거의 천 리 길이잖아. 그 먼 길을 개 혼자 다닌단 말인가? 믿어지지 않는군. 그렇게 심부름을 잘한다면 그게 어디 개야? 사람이지."

주막 주인은 누렁이에게 국밥을 가져다주었어. 누렁이는 배가 고팠는지 국밥 한 그릇을 게 눈 감추듯 비웠지.

밥을 다 먹은 누렁이는 천천히 주막 주인에게 다가가서 목에 찬 전대를 주둥이로 비볐어. 주인이 고개를 끄덕였지.

"오라, 전대에서 국밥 값을 꺼내 가란 말이지? 알겠다."

주인은 전대 속에 손을 집어넣었어. 국밥 한 그릇 값은 두 냥이었지. 그런데 주인은 석 냥을 꺼냈어.

누렁이는 이것을 놓치지 않고 보고 있었지. 그러고는 날카로운 이빨을 드러낸 채 주인을 사납게 노려보았단다. 순간, 주인의 얼굴이 창백해졌어.

"참, 내 정신 좀 봐. 국밥 한 그릇 값은 두 냥이지?"

주인은 한 냥을 도로 전대 속에 넣었어. 그제야 누렁이도 얌전해졌지.

지켜보고 있던 손님 한 명이 웃으며 말했어.

"귀신은 속여도 누렁이는 못 속여요. 국밥 값이 얼마인지 뻔히 알고 있는걸요. 사람보다 셈이 밝은 개라고요."

모두 이 말에 고개를 끄덕였어.

"옳으신 말씀입니다. 저는 지난번에 누렁이가 나룻배를 타고 강을 건너는 걸 보았는데, 뱃사공이 뱃삯보다 더 많이 꺼냈다가

경을 친 일이 있었어요. 얼른 돌려주지 않고 얼렁뚱땅 넘어가려 하자, 뱃사공을 물속에 빠뜨리더라고요."

"그렇게 영리하고 야무지니까 사람도 하기 힘든 심부름을 척척 해내는 거겠지요. 삼천리 방방곡곡을 다 뒤져도 누렁이만 한 개는 아마 찾기 힘들 거예요."

사람들은 입에 침이 마르도록 누렁이를 칭찬했어.

그러던 어느 날이었어. 양촌 공은 급히 소식을 전할 일이 있어서 누렁이를 한양으로 보냈는데, 이때 누렁이는 새끼를 배고 있었단다.

'곧 새끼를 낳아야 할 몸인데 괜히 심부름을 보냈구나. 절대 무리해서는 안 되는데……'

양촌 공은 누렁이를 떠나보내고 뒤늦게 후회했어. 하지만 그 무렵 누렁이는 이미 한양에 도착해 있었어.

주인의 심부름을 마친 누렁이는 집으로 향했는데, 광주에 거의 다 도착해서 새끼를 낳았단다. 모두 아홉 마리였지.

누렁이는 강아지들을 한 마리씩 입으로 물어 주인이 있는 집으로 나르기 시작했어.

그러나 너무 지쳤던 것일까? 누렁이는 아홉 마리째 강아지를 물어 나른 뒤 그만 지쳐 죽고 말았단다.

양촌 공은 누렁이의 시신을 끌어안고 펑펑 눈물을 흘렸어.

"새끼를 밴 누렁이를 죽음의 길로 내몰다니……. 아아, 내가 누렁이를 죽인 거야……."

양촌 공은 주인을 위해 일하다 죽은 누렁이의 충성을 잊을 수 없었어. 그는 석공을 시켜 누렁이의 석상을 만들어 집 앞뜰에 두었지. 이 석상은 양촌 공이 세상을 떠난 뒤에도 오늘날까지 전해지고 있단다.

> ## 조선 시대에 호랑이와 싸워 주인을 구한 개가 있다면서요?

조선 시대 평안도 영변 땅에 곽태허라는 선비가 살았어. 그는 병자호란 때 큰 공을 세운 장군 김무량의 생질이었지. 마음이 어질고 어려운 사람들을 잘 도와주어 많은 사람들에게 존경을 받는 사람이었어.

어느 날, 곽태허는 집에서 기르는 누렁이를 데리고 사냥을 떠났어. 그런데 산길을 걸어가다가 호랑이를 만난 거야. 호랑이는 곽태허에게 덤벼들어 어깨를 물었어.

"으아악!"

곽태허는 비명을 지르며 바닥에 쓰러졌어. 어깨에서는 검붉은 피가 쏟아지고 있었고, 그는 정신을 잃고 말았지.

그때 주인이 당한 것을 본 누렁이는 호랑이에게 덤벼들었어. 호랑이 다리 사이를 파고들어 호랑이 불알을 물고 늘어진 거야.

"어흐흐흥!"

호랑이는 너무 아파 길길이 날뛰었어. 누렁이를 떨치려고 이리 뛰고 저리 뛰었지. 그러나 누렁이는 호랑이 불알을 물고 놓아주지 않았어. 호랑이 발에 채여 살점이 뜯겨 나가고 피투성이가 되었지만 끝까지 버텼어. 결국 호랑이는 지쳐 쓰러져 숨을 거두고 말았지.

그제야 누렁이는 호랑이 몸에서 떨어져 주인에게 달려갔어. 정신을 잃고 쓰러져 있는 주인의 상처를 혀로 핥았어.

"으으……."

곽태허는 한참 만에 눈을 떴어. 그러자 누렁이는 반가워 컹컹 짖었지. 곽태허는 죽어 있는 호랑이를 보고 이렇게 중얼거렸어.

"오, 네가 나를 구해 주었구나……."

누렁이는 호랑이와 싸우다가 입은 상처가 깊어 끝내 회복하지 못하고 한 달 만에 죽고 말았단다. 곽태허는 자기를 구해 준 누렁이를 위해 사람과 똑같이 장례를 치러 주었어. 누렁이를 양지바른 곳에 묻어 주고는 그 앞에 비석을 세웠지. 사람들은 이 무덤을 '의구총(의로운 개의 무덤)'이라고 부르며 주인을 살린 누렁이의 의리와 충성을 기렸어.

닭은 왜 신사임당 그림을 쪼아 구멍을 냈을까?

신사임당은 조선 시대 이름난 학자인 율곡 이이의 어머니야. 아들을 훌륭하게 키우고 남편에게 내조를 잘해서 현모양처의 본보기로 알려져 있어.

하지만 신사임당은 그림을 잘 그린 화가로도 유명하단다. 그의 그림이 우리나라 미술사에 차지하는 비중이 매우 커서 어느 미술 평론가는 신사임당을 '조선 중기의 대표적인 여성 화가'가 아니라 '조선 중기의 대표적인 화가'로 재평가해야 한다고 밝히기도 했어.

신사임당은 어려서부터 총명하고 재주가 많아 부모님의 사랑을 독차지했어. 네 살 때 글공부를 시작하여 유교 경전과 한학을 배웠으며, 시·그림·글씨·자수·바느질에 이르기까지 여러 방면에 비상한 재주를 보였어.

그중에서도 가장 빼어난 솜씨를 발휘한 것은 그림이었단다. 신사임당은 일곱 살 때부터 그림 공부를 시작했는데, 처음에는 화가 안견의 산수화를 본떠 그렸어. 신사임당의 그림을 본 사람들은 진짜 안견의 그림으로 착각할 정도였지.

신사임당은 포도·풀·벌레·매화·난초·산수 등을 잘 그렸어. 특히 벌레 그림은 마치 살아 움직이는 듯하여 이런 이야기가 전해진단다.

어느 해 장마철이었어. 다른 해와는 달리 장마가 심해서 날마다 비가 내렸지. 맑게 갠 날이 거의 없었어.

틈만 나면 그림을 그리던 신사임당은 근심에 잠겼어. 장마가 오래 계속되다 보니 그동안 그려 놓은 그림들에 습기가 차서 곰팡이가 낄 정도였거든.

신사임당은 수시로 하늘을 보며 날이 개기를 기다렸어. 오랜만에 해가 뜨면 그림들을 마당에 널어 볕을 쪼일 생각이었지.

그러던 어느 날, 드디어 장마철이 가고 아침에 해가 떴어. 햇살이 마당을 밝게 비추었지.

'이게 얼마 만이냐? 오늘은 습기 찬 그림들을 말려야겠다.'

신사임당은 기쁜 얼굴로 그림들을 마당에 널어놓았어. 그러고는 마당에 앉아 그림들을 바라보았지. 긴 장마를 보낸 탓인지 그림들은 쉽게 마르지 않았고, 여전히 물기를 머금고 있었어.

신사임당은 마당에 한동안 앉아 있다가 방에 있는 아들 이이를 불러냈어.

"애야, 마당에 좀 나와 있을래? 내가 음식을 준비하는 동안 너는 그림들을 살피고 있거라."

"예, 어머니."

이이는 책을 들고 방에서 나왔어. 마당에 앉아서 보던 책을 펼쳤지. 이이는 소문난 책벌레였거든. 한번 책에 빠져들면 옆에 무슨 일이 있어도 알아차리지 못했어.

이이가 책에 빠져 있는 동안 마당에서는 어이없는 일이 벌어졌단다. 마당에는 풀어 놓은 닭들이 있었는데, 닭들은 흩어져 벌레를 잡아먹었지.

그런데 볕에 말리려고 마당에 펼쳐 놓은 그림으로 닭들이 모여든 거야. 그 그림은 신사임당이 벌레를 그려 놓은 그림이었어.

그림 속의 벌레들은 마치 살아 움직이는 듯했어. 닭들이 진짜 벌레인 줄 알고 다투어 쪼아 댄 것이지. 그리하여 그림에는 구멍이 뻥 뚫렸단다.

이이는 책에 정신이 팔려 이런 일을 까맣게 몰랐어.

그림에 문제가 생긴 것을 발견한 것은 부엌에서 나온 신사임당이었어.

"맙소사! 닭들이 그림 속의 벌레를 쪼아 먹었네!"
"예?"
이이는 깜짝 놀라 책에서 눈을 떼고 그림을 보았어.
"정말이네! 세상에, 어떻게 이런 일이……."
이이는 너무 놀라 벌린 입을 다물지 못했어.
"어머니, 죄송해요. 제가 책을 읽느라 닭들이 그림을 망쳐 놓는 것도 몰랐네요."
이이는 어머니에게 사과를 했어.
"아니다. 책을 읽느라 벌어진 일인데……. 아무 걱정 말고 넌 읽던 책이나 마저 읽으렴."

"제가 실수를 했지만 이번 일을 통해 어머니의 그림 실력이 확인되었네요. 그림을 얼마나 잘 그리셨으면 닭들이 그림 속의 벌레를 진짜 벌레로 알았겠어요?"

"그렇게 말해 주니 고맙구나."

신사임당은 아들과 마주 보며 활짝 웃었단다.

조선 경종 때 문신인 송상기는 『옥오재집』이라는 책에서 자신의 일가친척 한 사람이 신사임당의 벌레 그림을 한 점 갖고 있다가 벌어진 일을 소개하기도 했어. 그에 따르면, 한여름에 볕에 쪼이려고 마당에 그림을 널어놓았는데 닭이란 놈이 다가오더니 진짜 벌레인 줄 알고 그림을 쪼아 종이에 구멍이 났다는 것이지.

신사임당이 남긴 그림들 가운데 가장 뛰어난 것은 풀과 벌레들을 그린 「조충도」야. 지금 국립 중앙 박물관에 있는 「조충도」는 지본 채색화(종이에 채색으로 그린 그림)인데, 모두 여덟 폭에 여러 가지 동식물과 곤충 그림이 그려져 있어.

> ## 신사임당은 왜 치마에 포도 그림을 그렸을까요?

신사임당의 처녀 시절에는 이런 이야기가 전해진단다.

하루는 신사임당이 마을 잔칫집에 초대를 받았지. 신사임당은 마을 처녀들과 함께 음식을 먹으며 이야기꽃을 피웠어.

그런데 잔치가 거의 끝날 때쯤이었어. 부엌에서 젊은 새색시 한 명이 뛰어나오더니 울상을 지었어.

"어머, 난 몰라! 치마를 버렸어!"

그녀가 입고 있는 다홍치마가 찌개 국물로 더럽혀져 있었지. 색시는 신사임당이 잘 아는 이웃 사람이었어. 잔칫집에 오느라 친구의 다홍치마를 빌려 입고 왔던 거야.

가난한 색시의 딱한 사정을 전해 들은 신사임당은 그녀를 데리고 집으로 왔어. 그러고는 치마를 벗으라고 했지. 그녀가 어리둥절하자 신사임당이 말했어.

"걱정하지 말아요. 내게 좋은 방법이 있으니까."

신사임당은 방바닥에 치마를 펼쳐 놓고 붓으로 먹물을 듬뿍 찍어 치마에 포도 그림을 그렸어.

그녀는 신사임당이 시키는 대로 그 치마를 시장에 내다 팔았어. 다홍치마 열 벌을 사고도 남을 값을 받고 새색시는 입이 함박만 해졌다고 해.

03 양들은 왜 궁궐에서 쫓겨났을까?

조선 중종 때 궁궐은 똥 냄새가 가득했어. 궁궐에 사는 궁인들이 뒷간에 있는 분뇨를 퍼서 한데 모아 두었다가 궁궐 안에 있는 채소밭에 거름으로 뿌렸기 때문이야.

조선 시대에 임금은 백성들에게 농사를 장려하기 위해 궁궐 안에 논과 밭을 조성했어. 해마다 밭을 갈고 씨를 뿌리는 행사를 가져 백성들에게 모범을 보였지.

그런데 언제부턴가 궁인들도 궁궐에서 채소를 가꾸기 시작했어. 물론 신선한 채소를 먹기 위해서였지. 하지만 욕심이 과한 궁인들은 빈터만 나면 밭을 갈고 씨를 뿌렸어. 분뇨를 썩혀 채소밭에 거름으로 뿌렸지.

그뿐만 아니라 궁인들은 고기를 얻으려고 궁궐 안에 양을 놓아길렀어. 양들은 점점 늘어나 떼 지어 여기저기 똥을 쌌지. 그리하여 채소밭에 뿌린 분뇨에다 양의 똥까지 넘쳐 나 궁궐 안에는 똥 냄새가 진동했단다.

보다 못한 영사 김응기가 중종 9년(1514년) 3월 14일, 왕에게 궁궐 안에서 채소 재배와 양 사육을 금해 달라는 청을 하기에 이르렀어.

"온 궁궐에 똥 냄새가 가득합니다. 궁궐 빈터마다 분뇨를 뿌려 대니 이를 금지시켜야 합니다. 가축 사육도 하지 못하도록 막아야 합니다."

결국 궁궐에서 기르던 양들은 쫓겨나고 말았지.

하지만 채소 재배는 금지하지 않았어. 싱싱한 채소를 제 손으로 가꾸어 먹겠다는 궁인들의 강한 욕구를 막을 수 없었거든.

우리나라에서는 고려 때 금나라를 통해 제사용으로 양을 들여왔다는 기록이 있어. 조선 태종 때 양 세 마리를 제물로 썼다는 기록도 있지. 양은 동서양 어디에서나 신에게 바치는 제물로 많이 이용되었어. '속죄양'이라는 말도 여기서 나왔지.

조선 시대에는 여러 제사 때 양을 제물로 바쳤기 때문에 언제나 양이 많이 필요했어. 그래서 양을 중국에서 수입하여 기르기도 했지.

1418년 8월 세종이 왕위에 오르자, 이듬해 1월 명나라에서 태감 황엄이 사신으로 왔어. 그는 세종을 조선 왕으로 책봉하는 명나라 황제의 교지를 전했지. 그뿐만 아니라 황엄은 명나라 황제의 선물이라며 양 1,052마리도 전했어. 세종은 이 양들을 여러 관청에 나눠 주어 기르게 했단다.

세종 20년(1438년) 4월 18일에는 예조에서 양들을 백성들에게 나눠 주어 기르게 하자고 건의했다는 기록이 있어. 지방과 제주도에 암양 네 마리와 숫양 두 마리를 내려 보내 기르게 한 뒤 3년 뒤에 양들을 돌려받는데, 새끼들은 계속 기르게 하여 양들을 번식시키자는 것이었지.

조선 시대에 여의도는 가축을 기르는 목장이었어. 『조선왕조실록』의 『세종실록』이나 『성종실록』에는 이 섬에서 양이나 돼지 등의 가축을 길렀다는 기록이 있지. 사축서·전생서 등의 관청에서 목장을 관리했다는 거야. 『동국여지비고』에는 사축서에서 양 50마리, 염소 6마리를 방목했다고 기록되어 있어.

현재 국회의사당이 자리 잡은 곳에 양말산이 있었어. 이 산은 '양과 말을 놓아기르는 산'이라 해서 그런 이름을 얻었지.

조선 시대에는 이처럼 제사용으로 쓸 양을 직접 기르려고 정부 차원에서 애를 많이 썼어. 하지만 풍토병 등으로 본격적인 사육은 이루어지지 않았단다.

> **태조 이성계는 양 꿈을 꾸어
> 임금이 되었다면서요?**

양은 가축인 면양과 무플런, 아르갈리, 빅혼, 우리알, 아시아무플런, 달리빅혼, 시베리아빅혼, 아메리카빅혼 등의 야생 양이 있어.

양은 염소와 비슷하게 생겼지만 수염이나 뿔 등에서 차이가 난단다. 한자로 양(羊)은 면양과 산양을 포함하여 해석하기도 하는데, 엄격히 말하면 면양을 양이라 하고 산양을 염소라고 해.

한자로 '양 양(羊)' 자는 양의 모습을 본떠 만든 것이야. '아름다울 미(美)', '상서로울 상(祥)', '착할 선(善)'의 뜻과도 통하는 글자이지. 이것만 봐도 알 수 있듯이 양은 순하고 어진 동물이야. 떼를 지어 살아도 좀처럼 서로 싸우지 않고 욕심을 부리지도 않아.

양은 높은 곳에 오르기를 좋아하고 풀, 나뭇잎, 나무껍질 등을 먹고 산단다.

사람이 양을 기르기 시작한 것은 기원전 6천 년 전쯤이라고 해. 고기, 가죽, 털, 젖 등을 얻기 위해 가축으로 만든 것이지. 그래서 양은 용도에 따라 털을 이용하는 모용종인 랑부예메리노종·오스트레일리안메리노종, 털과 고기를 함께 이용하는 모육 겸용종인 코리데일종, 고기만 이용하는 육용종인 레스터종, 가죽을 이용하는 모피용종인 카라쿨종 등이 있어.

양은 넓은 초원을 가진 오스트레일리아, 뉴질랜드, 러시아, 중앙아시아의 여러 나라, 중국, 인도, 미국, 남아프리카공화국, 아르헨티나, 터키 등에서 사육되고 있어. 양은 유목 민족에게는 아주 중요한 가축이었으며, 동양에서는 고대 중국 은나라 시대부터 양을 기르기 시작했지.

우리나라에서는 옛날에 능묘 주변에 돌로 된 양인 석양(石羊)을 세웠어. 양(羊)이 '볕 양(陽)' 자와 발음이 같아 빛을 상징하고, 어둠으로 상징되는 나쁜 기운을 물리친다고 믿었어. 그래서 나쁜 기운이 접근하지 못하게 석양을 세워 능묘를 지키게 한 거야.

태조 이성계는 고려 말에 양 꿈을 꾼 적이 있었어. 양을 잡으려 하자 뿔과 꼬리가 떨어져 버린 거야. 이성계는 무학대사를 만나 해몽을 부탁했지. 무학대사는 한자 '양(羊)'에서 뿔과 꼬리가 떨어지면 '임금 왕(王)' 자만 남게 된다며 임금이 될 꿈이라고 풀이했어. 그 뒤 이성계는 꿈 덕분인지 고려를 멸망시키고 조선을 세웠지. 이때부터 양 꿈은 재물이나 출세, 성공을 나타내는 길몽으로 여기게 되었단다.

쥐를 잡아 세자의 침실 창문 밖에 매달아 놓다

중종은 반정으로 연산군을 몰아내고 왕위에 올랐고, 그의 부인 신 씨도 왕비의 자리에 앉았어. 하지만 신 씨는 곧 왕비의 자리에서 쫓겨났어. 연산군의 처남 신수근의 딸이었기 때문이야.

얼마 뒤 중종의 새 왕비를 간택하기로 했는데, 대비 윤 씨의 제의로 후궁들을 먼저 뽑아 입궐시킨 뒤 그 가운데 한 사람을 왕비로 정하기로 했어.

중종의 후궁이 된 사람은 윤여필의 딸, 박수림의 딸, 홍경주의 딸, 나숙담의 딸 등 네 사람이었어. 이 중에서 박수림의 딸이 가장 아름다웠는데, 왕비로 결정된 것은 윤여필의 딸이었어. 반정의 일등 공신인 박원종이 외삼촌이었기 때문이야. 이리하여 장경왕후 윤 씨는 중종의 정식 왕비가 되었지.

하지만 중종은 장경왕후보다 박수림의 딸인 경빈 박 씨를 더 좋아했어. 그래서 장경왕후보다 먼저 아들을 낳았는데, 그가 바로 복성군이야. 경빈 박 씨는 혜순옹주, 혜정옹주 등 두 딸도 낳았어.

장경왕후는 경빈 박 씨보다 아들을 6년 늦게 낳았어. 그 아들이 바로 훗날 왕위를 물려받는 인종이야. 장경왕후는 인종을 낳고 바로 세상을 떠났어.

중종은 인종을 여섯 살 때 세자로 책봉했단다. 그런데 왕비가 죽어 없고, 복성군이 세자보다 여섯 살 많은 데다 중종에게 사랑을 받기 때문에 이런 소문이 돌았지. 경빈 박 씨가 복성군을 세자에 앉히고 싶어 한다는 것이었어.

그러던 중 중종 22년(1527년) 2월 29일 세자의 생일날에 기이한 사건이 터졌어. 누군가 쥐를 잡아 네 다리와 꼬리를 자르고 입·귀·눈을 불로 지진 뒤 세자의 침실 창문 밖에 매달아 놓은 거야. 이 사건을 '작서의 변'이라고 해.

세자는 해생(亥生)이었는데, '해(亥)'는 돼지에 속하고 쥐도 돼지와 비슷했어. 따라서 이것은 세자를 저주한 것으로 여겨졌지.

우의정 심정과 좌의정 이유청이 중종에게 이 사건을 아뢰고 범인을 잡을 것을 청했어. 이때 사람들은 경빈 박 씨를 범인으로 의심했어. 그리하여 박씨의 시녀와 사위인 홍려(혜정옹주의 남편)

의 종들이 심문을 받았는데, 맞아 죽거나 거짓 자백을 하는 사람도 있었어. 결국 경빈 박 씨와 그의 아들 복성군은 죄를 뒤집어쓰고 귀양을 가서 죽임을 당했지.

그뿐만 아니라 혜순옹주와 혜정옹주는 천민으로 전락했으며, 혜순옹주의 남편 김인경은 유배를 떠나고, 혜정옹주의 남편 홍려는 심문을 받다가 맞아 죽었어. 또한 심정도 경빈 박 씨와 한패라는 누명을 쓰고 죽임을 당했어.

중종 27년(1532년), 이 사건은 이종익의 상소에 의해 중종의 맏사위이며 권신 김안로의 아들인 연성위 김희가 아버지의 사주를 받아 조작한 사건으로 밝혀졌어. 김안로는 심정 세력에게 원한을 품고 이들을 제거하려고 이 사건을 일으켰던 거야.

중종 36년(1541년), 세자 인종은 중종에게 상소문을 올려 복성군과 혜순옹주, 혜정옹주를 복권시켜 달라고 했어. 현재 두 누이가 천민이 되어 있으니 그 생각만 하면 저도 모르게 눈물이 흐른다고 털어놓았어. 중종은 이 상소문을 읽고 감동을 받아 복성군과 혜순옹주, 혜정옹주를 복권시켜 주었다고 해.

> ## 문종의 딸인 경혜공주는 왜 노비가 되었나요?

경혜공주는 조선 제5대 문종의 딸이자 제6대 단종의 누이야. 어린 나이에 부모를 잃고 남편마저 저세상으로 떠나보낸 뒤, 노비의 신분으로 추락한 기구한 운명의 여인이지.

1453년 수양대군은 계유정난으로 권력을 잡았어. 그는 스스로 영의정이 되어 조정을 손아귀에 넣었고, 2년 뒤인 1455년에는 임금(세조)이 되었어. 단종이 숙부인 수양대군에게 왕위를 물려주고 상왕으로 물러났지만 수양대군이 단종을 위협하여 왕위를 빼앗은 셈이었지.

이때 경혜공주는 남편인 영양위 정종이 강원도 영월 땅으로 유배를 떠나는 아픔을 겪었어. 정종이 유배를 떠나는 것은 수양대군의 동생인 금성대군과 가깝게 지냈기 때문이었지.

금성대군은 수양대군이 왕위를 탐내 조정 대신들을 죽였다고 사람들에게 떠들고 다녔어. 따라서 수양대군은 금성대군이 미울 수밖에 없었지. 수양대군은 금성대군을 감시하다가 역모 죄를 뒤집어씌웠어. 금성대군은 물론 금성대군과 가까운 사람들을 잡아들여 귀양을 보냈지.

1456년, '사육신 사건'이 일어나고 단종은 거사 계획을 미리 알고 있었다는 이유로 상왕에서 노산군으로 떨어졌어. 그리고 강원도 영월로 유배되어 이듬해 사약을 받고 죽었지.

세조는 단종을 따르는 세력들을 모두 없애기로 마음먹었어. 그래서 동생인 금성대군을 비롯하여 수많은 사람들을 죽였지.

세조는 경혜공주의 남편인 정종을 살려 두었지만 그에 대한 감시의 눈초리를 거두지 않았어.

그러던 어느 날 정종이 법을 어기고 성탄이라는 스님 등과 자주 접촉했다는 사실이 발각되었어. 그러자 세조는 정종이 역모를 꾀했다고 의심하여 그를 사형에 처했어.

조선 시대에는 역모 사건에 연루되면 그 가족과 일가친척들도 처벌을 받았어. 죄인의 아버지와 16세 이상인 아들은 사형에 처하고, 죄인의 어머니와 아내, 그리고 어린 자식들과 일가친척들은 노비로 삼았어.

경혜공주는 남편이 역모 죄로 처형을 당하자 하루아침에 노비가 되었어. 한 나라의 공주가 전라도 순천의 관노비가 된 거야.

당시에 순천 부사는 무과 출신인 여자신이란 사람이었어. 여자신은 경혜공주가 순천 관아에 도착하자 그를 불러 말했어.

"그대는 이제 관노비가 되었으니 우리가 시키는 일을 해야 할 것이오."

경혜공주는 대뜸 대청으로 올라가 의자에 앉더니 호통을 쳤어.

"네 이놈! 내가 정녕 누군지 몰라서 그런 허튼소리를 하느냐? 나는 문종대왕의 딸이다. 내 비록 죄가 있어 귀양을 왔다 해도 공주의 신분이 틀림없는데, 일개 수령이 어찌 나를 노비로 부린단 말이냐? 문종대왕께서 저 하늘 위에서 내려다보고 계신다."

여자신은 아무 말도 못하고 고개를 숙였어. 결국 경혜공주에게 관노비의 일을 시킬 수가 없었지.

얼마 뒤 세조는 공주를 사면하고 한양으로 불러올렸어. 그뿐만 아니라 궁궐 근처에 집을 마련해 주고 공주의 신분도 되찾아 주었어. 몰수했던 재산과 노비도 돌려주었지.
하지만 경혜공주는 이 모든 것을 거절하고, 딸을 낳은 뒤 머리를 깎고 스님이 되었어. 사랑하는 동생과 남편을 죽인 세조를 도저히 용서할 수 없어서였지.
그러나 경혜공주는 4년 뒤에 스님의 옷을 벗고 속세로 돌아왔어. 자신은 사면되어 노비의 신분을 벗었지만, 아들과 딸은 여전히 노비 신분이었어. 그는 두 아이에게 채워진 연좌의 사슬을 풀어 달라고 세조에게 간절히 청했지.
세조는 경혜공주를 만나 그 청을 들어주었어. 경혜공주의 아들과 딸은 노비의 신분에서 벗어날 수 있었지.
경혜공주의 아들 정미수는 16세 때 돈녕부 직장 벼슬에 임명되었어. 이로써 연좌의 사슬을 완전히 벗고 벼슬길에 오를 수 있었지.
경혜공주는 아들이 직장 벼슬에 임명된 지 일곱 달 뒤에 세상을 떠났지. 그의 나이 39세였어.

05

거머리로 종기 치료를 받은 중종

조선 제11대 왕 중종은 종기 때문에 고생을 많이 했단다. 얼마나 고통스러웠는지 바깥 출입을 전혀 못하고 꼼짝없이 누워 지내야만 했지.

중종 28년(1533년) 1월 9일, 중종은 종기 부위에 침을 맞았는데 고름이 쏟아져 나왔지. 왕의 치료를 맡은 내의원에서는 종기 부위에 고약을 만들어 매일 붙였어. 하지만 효험이 별로 없었지. 그러자 중종은 거머리로 종기 치료를 받았어.

2월 6일, 내의원 제조 장순손은 중종에게 이렇게 말했어.

"사람 몸의 혈기는 피부 속에 있으니, 이는 나무 진액이 껍질 안에서 오르내리는 것과 마찬가지입니다. 혈기는 한계가 있어서 보통 때에도 늘 영양이 좋도록 해 줘야 합니다. 종기가 생겼다면

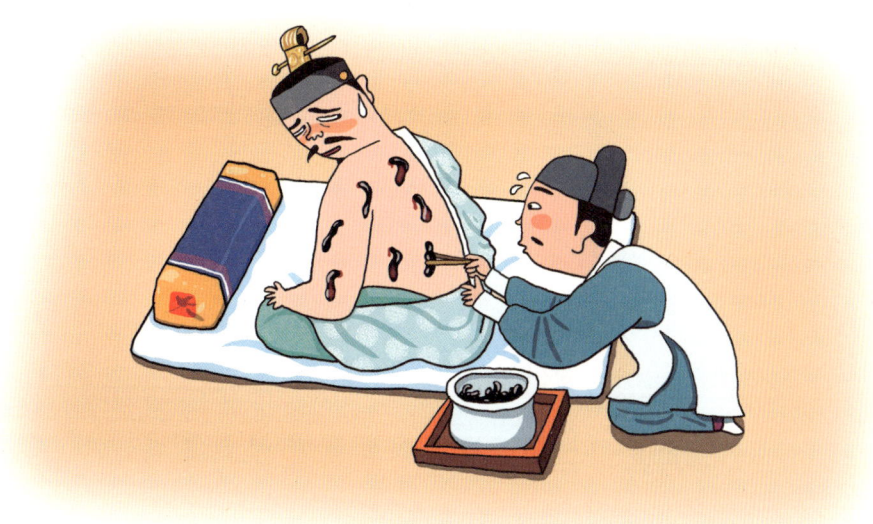

더욱 영양에 신경을 써야겠지요. 종기가 처음 생겨 나쁜 피가 엉길 때는 거머리로 빨아내는 것이 가장 좋습니다. 하지만 종기 부위가 이미 곪아 터진 뒤에는 쓸 수가 없지요. 거머리가 피를 빨아내는 곳은 피부 표면에 가까운 곳입니다. 피부 깊숙한 곳에 있는 고름이나 피는 거머리가 빨아낼 수 없지요. 이번에 그것이 증명되었습니다. 거머리가 빨아냈지만 종기가 아직 낫지 않는 걸 보면 말입니다."

중종이 고개를 끄덕였어.

"내의원 제조의 말이 옳다. 그동안 종기가 낫지 않아 약도 먹어 보았지만 효험이 없고, 진물과 함께 고름이 섞여 나왔다. 그래서 거머리로 시험해 보았더니 퉁퉁 부어올랐던 곳이 많이 가라

앉아 편안해졌다. 그렇지만 여전히 고름이 많이 나오는 걸 보니 거머리가 피부 깊은 곳의 고름은 빨아내지 못하는 모양이야. 그래서 거머리 사용을 그만두고 고약을 붙였다. 처음보다는 많이 나아졌지만 종기 부위가 완전히 낫지 않고 고름이 그치지 않으니, 앞으로는 내의원 제조가 지난번에 권한 대로 삼나무 진액을 쓰고 십선약을 먹어야겠어."

"잘 생각하셨습니다. 삼나무 진액을 종기 부위에 바르면 신통한 효과가 있습니다. 곪아 터진 곳도 쉽게 아물게 해 주지요."

거머리는 논에서 살며 사람 피를 빨아먹는단다. 그래서 거머리를 이용하여 피고름을 빨아내게 한 것이지.

조선 시대에는 중종 말고도 종기로 고생한 왕이 여러 명 있었어. 세종은 등에 난 종기로 돌아눕지도 못해 온천 목욕으로 효험을 보았지. 세종의 아들 문종도 악성 종기에 시달렸는데 젊은 나이에 끝내 세상을 등졌어. 효종과 정조도 종기를 앓다가 목숨을 잃었단다.

조선의 왕들에게는 종기가 얼마나 무서운 병이었는지 몰라. 오죽하면 그 고통에서 벗어나려고 거머리까지 잡아 와 종기 치료에 썼겠니. 왕도 몸이 아프니 수단 방법을 가리지 않고 치료에 매달렸음을 알 수 있지.

> **왕이 광대를 보고 크게 웃다가 입술의 종기가 터져 치유되었다면서요?**

광대가 왕을 웃겨 폭소를 터뜨리는 바람에, 입술의 종기가 터져 치유되었다는 이야기는 문화 인류학의 고전인 프레이저의 『황금가지』에 나온단다. 그 책에는 이런 구절이 실려 있지.

…… 무엇보다도 철을 왕의 몸에 대는 것은 엄격히 금지되었다. 1800년 조선의 정조 대왕이 등에 생긴 종양으로 죽었다. 곪은 데를 째는 침을 썼더라면 죽지 않았을 텐데, 아무도 그것을 쓰지 않았다. 어떤 왕이 입술의 종기로 고생할 때, 그의 시의가 광대를 불러들였다. 광대는 농담을 걸어 왕을 크게 웃겼는데, 그때 입술의 종기가 터져 나왔다고 한다.

왕이 광대 때문에 입술의 종기가 나았고, 또 그 왕이 누구인지 확인된 것은 없단다. 그리고 프레이저는 정조가 침을 쓰지 않아 죽었다고 했는데 이는 사실과 다르지. 정조는 1793년 여름, 머리에 난 종기가 얼굴과 턱으로 퍼졌는데 여러 가지 침과 약으로도 낫지 않았어. 이때 피재길이라는 의원이 여러 약재와 웅담을 섞어 만든 고약을 붙여 정조의 종기를 치료했어. 그러나 1800년 여름에 종기가 재발하여 등의 종기가 터져 서너 되의 피고름을 쏟을 만큼 고생을 하지. 이번에는 웅담 고약도 듣지 않고 더욱 악화되어 정조는 6월 28일 세상을 떠나게 된단다.

06

임꺽정은 관군이 잡으러 오면 꺽지로 변해 강물 속에 숨었다?

고석정은 강원도 철원군 동송읍 장흥리 한탄강 한가운데 우뚝 선 바위야. 10여 미터 높이에 마치 정자처럼 보여 '고석정'이라 부르지. 한탄강과 주변의 깎아지른 절벽 등 자연 경관이 아름다워 철원 제일의 명승지로 꼽히고 있어.

신라 진평왕이 이곳에 왔다가 절경에 반해 정자를 세워 '고석정'이라 이름 붙였다는 이야기도 전해져. 또는 조선 명종 때 의적 임꺽정이 이곳을 은신처로 삼았는데, 뒷날 사람들이 이를 기리기 위해 고석정 바위 북쪽 강기슭에 정자를 세워 '고석정'이라 불렀다는 이야기도 있어. 옛 정자는 6·25 전쟁 때 불타 없어졌으며, 1971년 철원 사람들이 이층 누각으로 지금의 정자를 지었어.

고석정은 강원도 지방 기념물 제8호로 지정되어 있어. 한탄강

한가운데 우뚝하게 솟은 바위와 이곳에 세워진 정자 그리고 주변 계곡을 통틀어 '고석정'이라고 한단다.

고려 때는 충숙왕이 행차하여 이곳에서 노닐었다고 해. 『신증동국여지승람』에는 고석정에 대해 기록해 놓았는데, "고려 때 승려 무외가 남긴 『고석정기』에는, '3백 척이나 되는 바위의 중간에 구멍이 있다. 그 안으로 기어 들어가면 방과 같아서 여남은 명은 앉을 수 있다'고 되어 있다."라고 했어.

고석정이 유명해진 것은 임꺽정 때문이야. 임꺽정은 고석정 근처에 성을 쌓고 이곳에 숨어 지냈어. 그래서 고석정을 '꺽정 바위'라 부르기도 했지. 철원 사람들은 고석정의 모습이 임꺽정이 신고 다니던 신발을 닮았다고 말하기도 해.

전설에 따르면, 임꺽정은 고석정 바위의 중간에 있는 구멍에 몸을 숨겼는데, 관군에게 쫓겨 더 이상 피할 데가 없으면 '꺽지'라는 물고기로 변해 강물 속으로 달아났다고 해. 요즘도 철원 사람들은 임꺽정이 관군에게 붙잡혀 처형당한 게 아니라, 꺽지로 변해 한탄강 물속 깊이 들어가 영원히 몸을 숨겼다고 믿는단다.

꺽지는 농어과에 속하는 민물고기야. 가식꺽정이·걱둑어·깍쩡이·깔태기·꺽저위·꺽덕어·꺽장어·꺽정어·꺽조기 등 지방에 따라 저마다 다른 이름으로 불리고 있어. 옛날 사람들은 꺽지를 '근과목피어(斤過木皮魚)'라고 했는데, '도끼날 자국이 난 나무껍질

을 닮은 물고기'라는 뜻이야. 서유구의 『전어지』에는 "꺽저위는 생긴 모양이 붕어와 비슷하고 검은색이다. 입은 넓고 비늘이 잘며, 꼬리지느러미는 갈라져 있지 않다. 등에서 꼬리에 이르기까지 긴 지느러미가 있는데 매우 거칠다. 돌 밑을 매우 빠르게 드나든다. 큰 것은 8.9치(240~270밀리미터)나 되며 어린 물고기나 새우를 잘 먹는다."고 기록되어 있단다.

꺽지가 '돌 밑을 매우 빠르게 드나든다'는 걸 보면 옛날 사람들이 왜 임꺽정이 꺽지로 변해 달아났다고 했는지 짐작할 수 있겠지? 꺽지는 위험에 처하면 재빨리 돌 밑에 잘 숨거든.

꺽지는 우리나라 거의 모든 하천에 사는데 옛날에는 태백산

동쪽엔 살지 않았다는구나. 그런데 1930년대쯤 양양에 사는 젊은이가 인제에 사는 처녀와 결혼하여 처갓집에 갔대. 처갓집은 매우 가난했는지 사위가 왔다고 씨암탉을 잡아 대접하지 못하고 강에서 꺽지를 잡아 매운탕을 끓여 내놓은 거야. 젊은이는 꺽지 매운탕을 먹고 그 맛에 반해 버렸어. 그래서 꺽지 몇 마리를 잡아 양양으로 가져가서 자기 집 개울에 풀어놓았지. 그 뒤로 양양 남대천과 오색천 등에도 꺽지가 살게 되었다지 뭐니. 꺽지는 이래저래 참 사연이 많은 물고기지?

임꺽정은 어떤 인물이에요?

임꺽정은 조선 명종 때 의적이야. 경기도 양주에서 태어나 버들고리를 만들어 팔던 백정이었지. 자신의 신분에 불만을 품고, 흉년이 계속된 데다 관리들의 수탈이 이어지자 농민들을 모아 도적 활동을 시작했어. 임꺽정은 명종 14년(1559년)부터 3년 동안 황해도와 경기도 일대를 주름잡았어. 관청이나 부자들의 집을 습격하고 창고를 털었지. 그렇게 얻은 재물들을 백성들에게 나누어 주어 의적으로 이름을 떨쳤어.

조정에서는 임꺽정 때문에 골치였단다. 장연·옹진·풍천 등 여러 고을에 명을 내려 임꺽정을 잡아들이라고 했지만 임꺽정은 호락호락 잡히지 않았어. 관군에 맞서 싸우며 자신의 세력을 키워 갔지. 임꺽정은 힘만 세지 않고 리더십까지 갖추었어. 농민들뿐 아니라 상인·아전 들까지 부하로 거느렸거든. 황해도와 경기도 일대의 아전들과 은밀히 내통하여 관군의 추격을 따돌리기 일쑤였지.

조정에서는 마침내 남치근을 토포사로 임명하여 도적 떼를 소탕하고 임꺽정을 잡아들이라는 명을 내렸어. 그러자 임꺽정은 구월산으로 들어가 관군의 소탕 작전에 맞서 싸웠단다.

임꺽정의 부하 중에는 지략이 뛰어난 '서림'이란 참모가 있었어. 서림은 남치근이 군대를 모아 구월산 일대를 철통같이 지키자 혼자 산에서 내려와 관군에 항복했어. 그러고는 임꺽정과 그 패거리들의 정보를 모두 털어놓았지.

남치근은 서림의 도움을 받아 끈질기게 소탕 작전을 벌였어. 임꺽정은 관군의 추격을 피해 달아났다가 관군에게 붙잡히고 말았지. 이때가 명종 17년(1561년) 1월 3일이었어. 임꺽정은 체포된 지 15일 만에 처형되었단다.

조선 후기의 학자 성호 이익은 『성호사설』에서 임꺽정과 그의 활약상을 자세히 밝히며 홍길동·장길산과 더불어 임꺽정을 조선의 3대 도둑으로 꼽았어. 홍길동·장길산·임꺽정은 실존 인물로 전해지지만 소설의 주인공으로 널리 알려져 있지. 허균의 『홍길동전』, 황석영의 『장길산』, 홍명희의 『임꺽정』은 민중의 영웅으로서 의적의 활약상을 작가의 상상력으로 생생하게 그려 놓았단다.

07

누에고치 덕분에
벼슬을 얻은 선비, 고치

　윤원형은 중종의 왕비였던 문정왕후의 동생이었어. 문정왕후의 아들 경원대군이 열두 살로 왕위에 올라 제13대 명종이 되고, 문정왕후가 수렴청정을 하자 그는 권력을 손에 쥐게 되었지. 나는 새도 떨어뜨린다는 큰 권세를 누리게 된 거야.
　그의 집에는 벼슬을 부탁하러 오는 사람들의 발길이 끊이지 않았어. 빈손으로 오는 사람은 아무도 없었기 때문에 창고에는 재물이 쌓여 갔지.
　그가 이조 판서 자리에 있을 때 시골에서 한 사람이 찾아왔어.
　"잘 부탁드립니다. 그저 참봉 벼슬이나 한자리 주십시오."
　그는 비굴하게 웃으며 누에고치 수백 근을 내놓았어.
　윤원형은 누에고치를 받고 입이 함박만 해졌어.

"오, 귀한 누에고치를 바치다니. 자네의 정성은 잊지 않겠네. 집에 가서 기다리게."

윤원형은 그에게 벼슬 줄 것을 약속하고 시골로 돌려보냈어.

얼마 뒤, 윤원형은 관청에 나와 부하 관리를 앉혀 놓고 관리들을 임명하는 일을 보게 되었어. 그는 전날 밤늦게까지 술을 마시고 놀았기 때문에 무척 피곤했지. 그래서 벼슬 자리에 임명할 사람의 이름을 부르다가 꾸벅꾸벅 졸기 시작했어. 그때 부하 관리는 곁에서 윤원형이 불러 주는 이름을 받아 적고 있었단다. 윤원형이 조느라 입을 다물자 이렇게 재촉했어.

"다음 벼슬은 누구를 임명할까요? 빨리 말씀해 주십시오."

그러자 윤원형이 소리쳤어.

"고치, 고치! 고치가 좋겠어."

윤원형은 부하의 재촉을 받고 자기한테 누에고치 수백 근을 바친 사람을 순간적으로 머릿속에 떠올린 거야. 그래서 그 사람을 다음 벼슬에 임명하라고 그렇게 말했던 거지.

하지만 부하 관리가 이조 판서의 속을 알 리가 있겠니? '고치, 고치! 고치가 좋겠어.' 하니까 고치라는 사람을 임명하라는 줄 알았지.

그는 한양에서 고치라는 사람을 수소문해 보았어. 하지만 몇 날 며칠을 헤매도 그런 사람은 찾을 수가 없었지.

'한양이 아니라 시골에 사는 선비인가?'

부하 관리는 문득 이런 생각이 들어 방방곡곡에 사람을 풀어 고치라는 선비를 찾아보았어. 그랬더니 첩첩산중 두메산골에 고치라는 이름을 가진 가난한 선비가 살고 있는 거야. 그는 얼른 그를 한양으로 불러들여 벼슬을 시켜 주었지.

윤원형은 나중에 이 사실을 알고 어처구니없다는 표정을 지었어. 하지만 자신의 실수로 벌어진 일이니 어쩌겠어? 전후 사정을 설명하기 귀찮고 해서 그냥 내버려 두었지. 그리하여 고치라는 선비는 누에고치 덕분에 벼슬 한자리를 했다는구나.

> **고종 때는 금송아지 덕분에
> 판서 벼슬을 얻은 사람도 있다면서요?**

황현의 『매천야록』에 이런 이야기가 실려 있어.

남정철은 과거에 급제한 지 2년도 못 되어 평안도 관찰사가 되었어. 임금의 친척도 아니면서 이처럼 벼락출세를 한 사람은 그가 처음이었지. 남정철은 평안도 관찰사 자리에 있으면서 온갖 보물을 구해 고종에게 바쳤어. 고종은 그가 기특하여 칭찬이 대단했지.

"남정철은 충신 중의 충신이야. 벼슬을 더 올려 줘야겠어."

얼마 뒤 고종은 그를 영선사로 임명하여 청나라로 보냈어.

남정철의 뒤를 이어 평안도 관찰사가 된 것은 민영준이었어. 민영준은 부임한 지 한 달도 못 되어 고종에게 커다란 금송아지를 바쳤지. 고종은 금송아지를 받자마자 얼굴빛이 변하여 소리쳤어.

"남정철이 그놈, 이제 보니 큰 도둑이구나. 평안도에 이렇게 금이 흔해 빠졌는데 혼자 다 해 먹었어."

이 일로 해서 남정철은 고종에게 미움을 받게 되었고, 민영준은 고종의 신임을 받아 얼마 뒤 예조 판서가 되었지. 이때부터 민영준에게는 '금송아지 대감'이라는 별명이 생겼단다.

08 선조는 왜 담비 가죽옷을 개털 옷이라 속였을까?

안탄대는 조선 제11대 중종의 후궁인 창빈 안 씨의 친정 아버지였어. 그는 딸을 궁녀로 들여보냈지만 가난하게 살았어. 딸이 후궁으로 뽑힌 뒤에도 여전히 청빈한 생활을 했단다.

세월이 흘러 창빈의 둘째 아들 덕흥 대원군이 하성군을 낳았는데, 명종이 자식도 없이 일찍 세상을 뜨자 하성군이 그 뒤를 이어 왕위에 올랐어. 그가 바로 제14대 선조야.

안탄대는 왕의 외할아버지로 귀한 몸이 되었지만 여전히 검소한 생활을 했어. 좋은 음식도 먹지 않고 비단옷도 입지 않았지.

선조는 안탄대가 노환으로 눈이 어두워지자 그를 가엾게 여겼어. 그래서 궁중에서 지은 초피(담비 가죽) 갖옷을 그에게 주려고 먼저 사람을 보냈어. 초피 갖옷을 내리면 받지 않을 것이 분명

해서 그의 마음을 떠보기로 한 거야.

"상감마마께서 값비싼 초피 갓옷을 대감께 선물로 내리실 모양입니다. 이 얼마나 큰 영광입니까?"

안탄대는 잠자코 듣고 있다가 천천히 입을 열었어.

"나같이 천한 사람이 임금께서 입으시는 귀한 초피 갓옷을 입을 수야 있겠소? 그것은 죽을죄를 짓는 일이니 이왕이면 분수를 지켜 마음 편히 죽겠소."

안탄대의 말을 전해 들은 선조는 한숨을 길게 내쉬었어. 값비싼 초피 갓옷을 받지 않겠다는 그의 뜻을 알았기 때문이야.

할 수 없이 선조는 꾀를 내어 초피 갓옷을 값싼 개털 옷이라고 속여 안탄대에게 내렸어.

눈이 어두운 안탄대는 초피 갓옷을 받아 들고 손으로 어루만지며 흐뭇하게 웃었어.

"고마우셔라. 상감마마께서 내게 개털 옷을 내리시다니……. 궁중에서 키운 개라 잘 먹여서 그런지 역시 다르네. 개털 옷이 초피 갓옷만큼 부드러워."

갓옷은 짐승 가죽으로 만든 옷이야. 인류가 옷을 만들

어 입기 시작할 때에 처음으로 만든 옷이지. 원래 추운 지방에서 입어 왔던 옷으로, 목을 둥글게 하고 양 소매가 달렸으며, 무릎 밑까지 내려가. 우리나라에서는 부여의 귀족들이 비단옷 위에 이 갖옷을 입었다고 해. 부여에서는 여우·너구리·검은 원숭이의 가죽을 썼어. 또한 갖옷의 가죽으로는 쥐·양·표범·담비·소·개 등의 것이 쓰였어.

조선 시대에는 갖옷이 사치의 상징이었어. 『조선왕조실록』에는 '초구'·'초복'이라는 말이 자주 나오는데, 담비 가죽을 구형으로 이어서 만든 갖옷을 뜻해. 『중종실록』 9년에 "초복을 입지 못하게 함은 사치를 금하고 백성의 고생을 줄이고자 하는 것이다."라는 기록과, 『중종실록』 13년에 "초피로 만든 웃옷이 없는 사람은 문족회(집안 모임)에 들어가지 못한다. 다행히 왕이 못하게 하여 이 폐습이 그전 같지는 않다."는 기록이 있어. 이런 기록만 보더라도 당시에 초피 갖옷이 착용을 금할 정도로 사치품이었음을 알 수 있단다.

> ## 세종은 신숙주에게
> ## 담비 가죽옷을 덮어 주었다면서요?

세종 2년(1420년), 왕은 집현전을 확대하여 실제적인 학문 연구 기관으로 바꾸었어. 집현전 안에는 영전사(정1품) 2명, 대제학(정2품) 2명, 제학(종2품) 2명을 두었는데, 실제로 일을 하는 것은 전임 학사들이었어. 처음에는 학사를 10명 두었다가 20명으로 점차 늘렸지.

전임 학사들은 아침부터 저녁까지 학문 연구에 매달렸어. 재주 있는 젊은 학사에게는 '사가독서'(휴가를 주어 독서당에서 공부하게 한 일)의 기회를 주기도 했어.

이 집현전을 통하여 많은 뛰어난 인재가 나왔는데, 변계량·신숙주·정인지·성삼문·최항 등이 그들이야.

세종은 이 학사들을 뒤에서 잘 보살피며 도와주었어. 덕분에 학사들은 불편한 줄 모르고 연구에 전념할 수 있었지.

어느 겨울날 밤, 세종은 대궐 안을 산책하다가 집현전 앞을 지나게 되었어. 왕은 집현전을 바라보고 눈이 휘둥그레졌지. 집현전 안에 불이 훤히 밝았거든.

'아니, 누구지? 날도 추운데 늦은 밤까지 책을 읽고 있으니……'

세종은 궁금증이 일어 곁에 있던 내관에게 물었어.

"오늘 밤 집현전의 당직 근무가 누구냐?"

내관은 집현전으로 달려가 불 켜진 방 앞에 섰어. 글 읽는 소리가 들려오고 있었지. 문틈으로 안을 엿보니 글 읽는 학사의 얼굴이 보였어.

돌아온 내관이 왕에게 공손히 아뢰었어.

"상감마마, 오늘 당직은 신숙주 학사이옵니다."

"신숙주? 호, 기특하구나. 너는 다시 집현전으로 가서 지키고 서 있다가 신숙주가 잠이 들면 내게 오너라. 나도 잠들지 않고 기다릴 테니까."

세종은 내관과 헤어져 어전으로 돌아와 방에 불을 켜고 책을 읽기 시작했지.

얼마나 시간이 흘렀을까, 어둠이 엷어졌을 때 내관이 돌아왔어.

"그래, 신숙주가 잠이 들었느냐?"

"예, 상감마마. 불을 끄고 눕자마자 코고는 소리가 들렸습니다."

"피곤한가 보구나. 날도 추울 텐데, 그렇게 자다 감기 들라."

세종은 갑자기 입고 있던 초피(담비 가죽) 갖옷을 벗었어.

"너는 빨리 신숙주한테 가서 이것을 덮어 주어라. 신숙주가 깨지 않게 조심해야 한다."

내시는 세종에게서 갖옷을 받아 들고 다시 집현전으로 갔어. 그는 곤히 잠든 신숙주의 등에 세종의 갖옷을 덮어 주었지.

새벽녘쯤 잠에서 깬 신숙주는 깜짝 놀랐어. 등에 덮인 세종의 갖옷을 본 거야.

신숙주는 감격하여 바닥에 엎드렸어.

"상감마마……."

신숙주는 감격의 눈물을 흘리며 어전 쪽을 향해 절을 올렸단다.

이 일은 곧 집현전 학사들에게 알려졌어. 젊은 학사들 역시 세종의 신

하 사랑하는 마음에 깊이 감격했지.

이들은 더욱더 열심히 맡은 일을 했어. 그리하여 집현전에서는 이 학사들에 의해 『고려사』·『농사직설』·『오례의』·『팔도지리지』·『삼강행실』·『치평요람』·『동국정운』·『용비어천가』·『석보상절』·『의방유취』 등 많은 책이 간행되었단다. 또한 집현전 학사인 최항·박팽년·신숙주·성삼문·강희안·이개·이선로 등에 의해 훈민정음이 창제되었어.

맨손으로 호랑이를 잡은 김덕령

선조 즉위년(1567년) 12월 29일, 전라도 광주의 충효동(성안 마을)에서 사내아이가 태어났어. 이 아이가 바로 뒷날 '민중의 영웅'으로서 백성들의 사랑을 받는 김덕령 장군이야.

어머니 반 씨 부인이 그를 배었을 때의 일이야. 하루는 밭에서 일을 하는데 늙은 스님이 산에서 내려왔어. 스님은 길가에 서서 반 씨 부인을 바라보더니 이렇게 중얼거렸어.

"저 여인은 호랑이에게 잡혀 먹힐 팔자로구나."

때마침 길을 지나가던 길손이 이 소리를 들었어.

"호랑이에게 잡혀 먹힐 팔자라고요? 그걸 어떻게 아셨죠?"

"저 여인의 얼굴에 그렇게 쓰여 있어요. 솔직히 말씀드리면 저는 사람이 아니라 호랑이예요. 이제 저 여인을 잡아먹으면 호랑이의 탈을 벗고 사람으로 환생하게 되지요. 제가 어떻게 변하는지 한번 지켜보세요."

스님은 몸을 날려 재주를 세 번 넘었어. 그러자 집채만 한 호랑이로 변했지. 호랑이는 반 씨 부인을 잡아먹으려고 밭을 향해 몸을 날렸어. 그러나 호랑이는 어찌 된 일인지 밭 주위만 맴돌면서 반 씨 부인이 일하는 밭 한가운데로 들어가지 못했어.

잠시 뒤, 호랑이는 재주를 세 번 넘어 다시 스님으로 돌아왔어. 그리고 난처한 표정을 지으며 길손에게 말했지.

"저 여인을 잡아먹을 수가 없어요. 밭으로 들어가려고 하면 불칼이 나타나 저를 위협하는 거예요. 저 여인을 지키는 신비한 기운이 느껴져요. 오늘은 때를 놓쳐서 사람을 잡아먹을 수 없어요. 그러니 사람으로 환생하기 틀렸어요."

호랑이가 반 씨 부인을 잡아먹지 못한 것은 뱃속에 있는 김덕령 때문이야. 김덕령을 지키려고 천지신명이 불칼을 내보냈거든.

김덕령은 어려서부터 힘이 무지무지 셌어. 어느 날 밤 김덕령은 뒷간에서 똥을 누고 있었어. 뒷간은 집에서 좀 떨어져 있는데 갑자기 호랑이가 나타났어. 호랑이는 뒷간에 있는 김덕령을 보고는 뒷간 앞에 앉았어. 김덕령이 똥을 누고 나오면 잡아먹을 속셈이었지.

뒷간 문짝은 없었고, 김덕령은 자기 앞에 있는 호랑이를 볼 수 있었지. 하지만 김덕령은 호랑이를 조금도 무서워하지 않았어. 호랑이를 고양이처럼 바라보며 똥을 누었어.

　잠시 뒤, 호랑이 뒤에서 무슨 소리가 들렸어. 호랑이는 벌떡 일어나 뒤돌아섰어. 바로 그 순간, 김덕령은 쭈그리고 앉은 채 호랑이 꼬리를 잡았어.

　깜짝 놀란 호랑이는 도망치려고 했어. 그러나 김덕령이 꼬리를 붙잡고 있어 달아날 수가 없었지. 호랑이는 김덕령의 손에서 벗어나려고 젖 먹던 힘을 다했어. 그러나 김덕령이 어찌나 힘이 센지 그 손을 뿌리칠 수가 없었어.

　호랑이가 용을 써도 김덕령은 끌려가지 않았어. 뒷간에 앉은 채 계속 똥을 누었어.

　이윽고 김덕령은 똥을 다 누고 벌떡 일어섰지. 그러더니 호랑이 꼬리를 힘껏 잡아 그 몸을 뱅뱅 돌려 땅바닥에 메다꽂았어. 그다음에는 주먹으로 호랑이 머리를 쥐어박았어. 호랑이는 그 한 방으로 쭉 뻗어 버렸지.

　어린 김덕령이 맨손으로 호랑이를 때려잡자 마을은 발칵 뒤집혔어.

　"어떻게 호랑이를 한 방에 해치웠지? 덕령이가 천하장사네!"
　"어찌나 힘이 센지 호랑이 꼬리를 잡아도 끌려가지 않았대."
　마을 사람들은 입에 침이 마르도록 김덕령을 칭찬했단다.

김덕령은 학문을 닦고 무술을 익혀 임진왜란 때 의병장으로 나서 뛰어난 활약을 했어. 키는 작았지만 무술이 빼어나 한 길이 나 되는 긴 칼을 능숙하게 다루고, 100근이나 되는 철퇴를 양 허리에 차고 다녔다고 해. 하지만 그는 신기에 가까운 능력을 발휘하지 못하고 억울한 죽음을 당했지. 선조 29년(1596년) 충청도 홍산에서 이몽학이 반란을 일으켰을 때, 모함을 받아 그와 내통했다는 죄를 뒤집어쓰고 체포되어 모진 고문을 받았거든.

　　그러나 김덕령은 세월이 흐르면서 민중에 의해 영웅으로 다시 태어났어. 그의 용맹스러운 활약은 구전 설화와 문헌 설화에 잘 드러나 있어. 어렸을 때부터 천하장사여서 맨손으로 호랑이를 잡는가 하면, 도술을 부려 왜군을 혼내 주었다는 등 말이야.

> 최윤덕은 어렸을 때 호랑이를
> 화살 한 방으로 쏘아 죽이고,
> 이징옥은 멧돼지를
> 산 채로 잡아 왔다고요?

민중 영웅으로 사랑받는 역사 인물들에게는 한 가지 공통점이 있어. 입에서 입으로 전해 내려오는 설화를 통해 엄청난 활약을 하는 인물로 다시 태어난다는 거야. 임진왜란 때 용맹스러운 의병장 김덕령이 그러했고, 세종 때 무인 출신으로 재상에 오른 최윤덕과 여진족 토벌에 많은 공을 세운 이징옥도 마찬가지야.

최윤덕은 어려서 힘이 세고 용감무쌍했어. 누가 가르쳐 주지 않아도 혼자 활을 들고 사냥을 다녔지.

어느 날 최윤덕은 말과 소를 먹이려고 산속으로 들어갔어. 그런데 그때 호랑이 한 마리가 나타난 거야. 그는 화살 한 방으로 호랑이를 쏘아 죽였지.

최윤덕은 그때까지 호랑이를 본 적이 없었어. 집에 돌아와서는 이런 말을 했다는구나.

"산에 갔더니 아롱진 무늬를 가진 큰 동물이 나타나서 활로 쏘아 죽였어요."

호랑이인 줄도 모르고 단번에 해치우다니, 집안 사람들은 어린 최윤덕의 재능과 용맹스러움에 놀라지 않을 수 없었지.

이징옥 또한 그 담력과 무예에 대한 재주는 최윤덕 못지않았어.

하루는 병든 어머니가 이징옥과 그의 형 이징석을 불러 말했어.

"얘들아, 멧돼지를 보고 싶구나. 나를 위해 산 채로 잡아다 줄 수 있겠니?"

형제는 어머니의 소원을 들어주기 위해 각자 산속으로 들어갔어.

얼마 뒤 이징석이 멧돼지를 끌고 왔어. 활을 쏘아 잡았는데 아직 살아 있었지.

하지만 이징옥은 다음 날이 되어도 돌아오지 않았어. 이틀이 지나서야 집에 왔는데 빈손이었어.

"어찌된 일이냐? 멧돼지를 잡지 못했니?"

"아니에요, 어머니께서 멧돼지를 산 채로 잡아 달라고 하셨잖아요. 멧돼지 뒤를 쫓았더니 멧돼지가 이틀 만에 지쳐 쓰러지더라고요. 그래서 멧돼지를 묶어 가지고 왔어요."

마당에는 큰 멧돼지가 씩씩거리며 콧바람을 뿜고 있었어. 어머니는 감탄하며 이런 말을 했단다.

"넌 힘만 센 줄 알았더니 지략도 대단하구나. 애썼다."

10

진돗개들은
일본 배들이 쳐들어오는 것을
미리 알았다?

임진왜란 때 진돗개들은 일본 배들이 쳐들어오고 있다는 사실을 미리 알았다는구나. 임진왜란이 일어난 어느 날 새벽, 진도에 있는 개들이 일찍 깨어 일제히 바닷가를 향해 맹렬히 짖어 댔대.
"아니, 갑자기 개들이 왜 저러지?"

마을 사람들은 영문을 몰라 고개를 갸우뚱했어. 그런데 그 다음 날, 놀라운 일이 벌어졌어. 진도 앞바다로 무장을 한 일본 배들이 떼 지어 몰려오는 거야. 그제야 마을 사람들은 개들이 짖은 이유를 알고 진돗개를 '신견(神犬)'이라고 부르게 되었대.

　　개에 관한 이야기가 또 있단다.

　　임진왜란 때 어느 일본군 부대가 조선 호랑이를 사로잡았대. 한번 울면 산천초목이 벌벌 떤다는 엄청 큰 호랑이였어. 호랑이를 처음 본 일본군 병사들은 이 호랑이를 일본 본토에 있는 도요토미 히데요시에게 보내기로 했지. 장수는 병사들에게 명령했어.

"호랑이를 산 채로 우리나라에 보내야 한다. 호랑이 우리에 먹이를 넣어 주어라."

일본군 병사들은 호랑이 우리에 개를 넣어 주었어. 하루에 한 마리씩 넣어 주는 것이 귀찮아 한 번에 세 마리를 넣어 주었지.

며칠 뒤, 호랑이 우리를 찾은 병사들은 기절할 듯이 놀랐어. 풍채를 자랑하던 호랑이가 온데간데없이 사라지고 뼈만 남아 있었거든. 호랑이 먹이로 넣어 준 개 세 마리가 힘을 합해 호랑이를 오히려 잡아먹어 버린 거야.

진돗개는 삽살개·풍산개와 더불어 우리나라를 대표하는 개야. 원시 시대에 우리 조상들이 기르던 개의 혈통이 진도에 그대로 남아 지금까지 이어져 왔다는구나. 그런데 고려 때 몽골군의 개가 진도에 왔다가 길러졌다거나, 중국 남송의 무역선이 침몰할 때 배 안에 있던 개가 진도로 헤엄쳐 와서 살게 되었다는 등 진돗개의 유래에 대해서는 여러 가지 설이 있단다.

진돗개는 주인에 대한 충성심이 강하고 호랑이에게 뒤지지 않을 만큼 용맹스러운 개야. 게다가 사냥도 잘하고 어디에 있든 끝내 집으로 찾아오는 귀소 본능까지 뛰어나 많은 사람들에게 사랑을 받고 있단다.

> **육지로 팔려간 진돗개들이 진도로 되돌아온 경우가 많았다면서요?**

진돗개는 전라남도 진도군 일대에서 사람에 의해 사육되고 있는 우리나라 특산의 개 품종이야. 천연기념물 제53호로 지정하여 보호하고 있어. 진돗개는 키가 수컷이 50~55센티미터, 암컷이 45~50센티미터쯤으로 몸집이 크지도 작지도 않아. 하지만 몸의 균형이 좋고 다부진 체격을 지니고 있지. 머리와 얼굴은 앞에서 볼 때 팔각형이며, 귀는 작은 편이고 앞으로 약간 기울어져 있어. 코는 검은색인데 털빛이 흰 개인 백구는 회색빛을 띠지. 등은 튼튼하고 곧으며 가슴이 잘 발달되어 있어. 또한 꼬리는 힘차게 말아 올리거나 들려져 있고, 앞다리는 곧게 뻗어 있으며, 뒷다리는 마디가 굽지 않고 힘 있게 딛고 있지. 털빛은 주로 황색 또는 백색이고 회색·흑색·호랑이 무늬색도 있어.

숲속에서 멧돼지를 만나면 겁먹지 않고 덤벼들고, 한번 물면 절대로 놓지 않을 만큼 사냥을 잘했단다. 또한 진돗개는 귀소 능력이 뛰어나고 주인에 대한 충성심이 강한 개야.

6·25 전쟁이 일어나기 전에 많은 진돗개들이 군견으로 뽑혀 삼팔선 인근 부대에 배치되었는데, 두어 달 만에 진돗개들이 모두 사라진 거야. 그 개들은 모두 진도의 주인집에 돌아와 있었다는구나. 1994년에는 '백구'라는 이름의 진돗개가 진도에서 대전으로 팔려갔는데 300킬로미터를 걸어 주인집으로 돌아왔다고 해.

임진왜란 때 왜적의 침입 소식은 봉수 대신 말을 달려 전해졌다

우리나라에서는 옛날에 외적의 침입 등 나라의 위급한 상황을 알리기 위해 봉수라는 제도를 두었어. 높은 산봉우리에 봉수대를 설치하고 밤에는 횃불, 낮에는 연기를 피워 신호를 보냈지.

봉수대에는 봉수대 위에 살면서 봉수의 임무를 맡은 봉수군과 오장이 있었어.

봉수군은 밤낮으로 망을 보며 봉수를 올리고 전령 노릇을 하는 사람이야. 봉졸·봉군·봉화간·간망군·후망인·연대군 등으로 불리었는데, 신분상으로는 양인이지만 천인이 하는 일을 해 천대받는 직종이었어. 고려 말부터 중앙의 문무 고관이 죄를 짓는 경우 흔히 봉수군으로 보내졌다고 해.

오장은 봉수군과 함께 지내면서 봉수군을 통솔하고, 봉수대의 근무 상황을 고을 수령에게 보고하는 사람이야. 고을 수령은 오장의 보고를 받으면 유사시에는 즉시, 평상시에는 매월 관찰사에게 보고하고 3·6·9·10월에 병조에 보고했어.

봉수군은 열흘에 한 번씩 교대 근무했는데, 이만저만 고생스럽지 않았어. 여름이든 겨울이든 베옷을 입고 지내야 하기에 엄동설한에는 추위와 싸워야 했어. 따라서 얼어 죽는 사람도 많았고, 양식이 제때 공급되지 않아 굶기를 밥 먹듯이 했어.

안개나 비, 바람 등으로 봉수가 어려워지면 봉수군은 고생길이 열렸지. 봉수군이 다음 봉수대까지 달려가서 알려야 했기 때문이야. 이를 '치고(馳告)'라고 하는데, 달리다가 다쳐 시간이 늦어지면 곤장을 맞았어.

봉수군의 일이 이처럼 고되고 힘드니 도망하는 경우가 많았단다.

또한 근무 태만으로 위급한 정세를 제때 알리지 못하는 일이 적지 않았어. 조선 전기에 외적의 침입이 34건에 이르렀는데, 그 가운데 무려 30건이 봉수가 전달되지 않았다고 해. 특히 임진왜란 때도 부산 봉수대의 봉수군들이 겁을 먹고 도망치는 바람에 봉수가 전달되지 않았어. 결국 한양에서는 일본군이 침입한 지 사흘 뒤에야 그 사실을 알았어. 경상 좌수사가 선조 25년(1592년) 4월 14일에 급보를 띄워 부산에서 한양까지 밤낮없이 말을 달려

17일 새벽에야 궁궐에 왜적의 침입을 전했기 때문이야.

이처럼 봉수가 제 역할을 하지 못하니 봉수군에게는 처벌 규정이 강화되어 엄벌로 다스려졌어. 적의 침입을 보고하지 않거나 적과 접전할 때 봉화를 올리지 않은 경우 목을 베는 형벌을 내렸어. 그리고 적이 나타났는데도 봉화를 올리지 않았으면 봉수군은 곤장 80대, 고을 수령은 곤장 70대를 맞았어. 또 적이 국경 가까이 왔는데도 봉화를 올리지 않았으면 봉수군은 곤장 100대에 변경으로 쫓아 버렸고, 고을 수령은 곤장 100대에 파직을 시켰단다.

> **위급한 소식을 신속히 전하는 파발은 어떻게 만들어졌나요?**

조선 시대에는 군사 통신 수단으로 봉수 제도가 있었어. 횃불과 연기를 피워 외적의 침입 등 나라의 위급한 소식을 알리는 봉수는 비와 눈이 내리거나 안개가 짙게 끼고 바람이 심하게 부는 경우에 끊어지는 단점이 있었어. 특히 임진왜란이 일어났을 때는 봉수가 전달되지 않아 제 역할을 하지 못했지.

그래서 봉수 제도에 대한 보완책으로 임진왜란 중 조선에 파견된 명나라군의 파발 제도를 보고 선조 30년(1597년)에 파발을 설치했어.

파발은 변경의 군사 정세를 중앙에 빨리 알리고 중앙의 명령을 변경에 급히 전하기 위해 만든 통신망이야. 파발에는 사람이 말을 타고 달려서 급보를 전하는 기발과 사람이 빠른 걸음으로 달려서 급보를 전하는 보발이 있었어. 보발은 한 사람이 끝까지 전하는 일인 직선식과 사람을 바꿔 전하는 중간 연락식이 있었단다.

기발은 25리마다 참(정류장)을 두고 발장 1명, 색리 1명, 기발군 5명, 말 5필을 배치했어. 보발은 30리마다 참을 두고 발장 1명, 보발군 2명을 배치했어.

파발망은 한양에서 의주에 이르는 서발, 한양에서 경흥에 이르는 북발,

한양에서 동래에 이르는 남발 등 3대로를 중심으로 이루어졌어. 이 가운데 사신 왕래 등 중국과의 연락 관계, 외적의 침입에 대비한 군사적 중요성 때문에 서발은 기발로 편성했고, 북발과 남발은 보발로 편성했단다.

파발군에게는 기밀문서 전달이 주요 임무였어. 기밀문서를 봉투에 넣어 봉하고 관인을 찍은 뒤 피각대에 넣어 전했어. 파발은 일의 급한 정도에 따라 방울을 달았는데, 하나는 보통인 1급, 둘은 이보다 급한 일인 2급, 셋은 초비상인 3급을 표시했어.

파발은 군사 통신 수단으로 중요한 역할을 하다가 고종 32년(1895년) 전화·전신 시설이 국내에 설치되면서 사라졌단다.

12 선조는 피란길에 도루묵을 맛보았다?

조선 시대에 임진왜란이 일어났을 때의 일이야.

일본군은 15만 대군으로 부산을 함락하고 한양을 향해 올라오고 있었지. 이에 조정에서는 관군을 보내 맞서 싸우게 했지만 일본군에게 크게 패하고 말았단다.

파죽지세로 올라오는 일본군의 기세에 놀란 선조는 신하들과 피란길에 올랐어.

대궐에서 편안히 살다가 피란을 가니 선조 일행은 고생이 이만저만이 아니었어. 특히 음식을 만드는 나인은 임금의 수라상을 차리는 일이 가장 힘들었지.

'먹을거리는 별로 없고, 무엇으로 전하의 수라상을 차리지? 정말 큰일이네.'

선조가 잠시 머무른 곳은 바닷가였어. 나인은 궁리 끝에 바닷가로 가서 생선을 구해 와 요리를 했어. 그 음식을 임금의 수라상에 올렸지.

선조는 서둘러 피란길에 올랐기 때문에 매우 지치고 배가 고팠는데, 생선을 먹어 보고는 감탄 섞인 목소리로 말했어.

"오, 생선 맛이 기막히게 좋구나. 이렇게 맛있는 생선은 처음 먹어 보는데."

선조는 난생 처음 보는 생선이어서 그 이름이 궁금했어. 그래서 나인을 불러 물었지.

"이 생선의 이름이 무엇인지 아느냐?"

나인이 대답했어.

"예, '묵'이라고 합니다."

"묵? 허허, 어이없구나. 이처럼 맛있는 생선이 묵이라 불린다니……. 참으로 아깝구나, 아까워."

선조는 안타깝다는 듯 중얼거리다가,

"안 되겠다. 내가 새로운 이름을 지어 줘야겠어."

하더니 골똘히 생각에 잠겼어.

"가만있자, 어떤 이름이 좋을까? 이왕이면 귀티가 나고 멋진 이름이 좋은데."

잠시 뒤 선조는 무릎을 쳤어.

"옳거니! 배가 은백색으로 빛나니 '은어'라고 부르는 게 좋겠어. 앞으로 이 생선은 은어라고 하여라."

피란을 마치고 한양으로 돌아온 선조는 은어 맛을 잊을 수가 없었어.

"오랜만에 은어가 먹고 싶구나. 오늘 저녁상에는 은어 요리를 올리도록 하라."

선조의 명령으로 수라상에는 은어 요리가 올라왔어.

선조는 은어를 한 젓가락 먹어 보고는 고개를 갸웃거렸어.

'맛이 왜 이러지? 담백한 맛이 없고 심심하네.'

선조는 다시 한 젓가락 먹어 보고는 얼굴을 찡그렸어.

"이 생선은 알고 보니 맛이 없구나. 내가 깜빡 속았어."

선조는 나인을 불러 명령을 내렸어.

"은어라는 이름은 앞으로 쓰지 말고 도로 '묵'이라고 하여라."

이렇게 해서 선조가 피란길에 맛보았던 생선은 은어로 불리다가 '도로묵'이 되었고, 나중에는 '도루묵'으로 불리게 되었단다.

그런데 피란길에 도루묵을 맛본 임금은 선조가 아니라 인조라는 설도 있어. 인조는 이괄의 난을 피해 충청도 공주로 떠났었거든. 하지만 바닷가가 아닌 공주에서 어떻게 도루묵을 맛볼 수 있었을까 하는 의문이 들기도 하는구나.

도루묵은 몸길이가 15~25센티미터이고, 한여름에는 100~400미터의 바다 밑 모래 진흙 속에 산단다. 그러다가 산란기인 11, 12월이 되면 수심 1미터의 해초가 우거진 바닷가로 모여들어 알을 낳지.

이맘때쯤 되면 동해안에서는 어부들이 도루묵 잡이로 바빠져. 도루묵이 살이 오를 대로 오르고, 알을 배고 있어 가장 맛있는 철이기 때문이야.

도루묵은 비늘이 없어 손질하기가 편해. 비린내가 별로 없어 먹기 좋고, 오독오독 씹히는 알과 부드러운 살점이 일품이야. 크기가 작고 가시가 연해 굽거나 조리면 뼈째 먹을 수 있지. 그래서 칼슘이 풍부한 생선이라 할 수 있어.

도루묵 요리 가운데 가장 흔한 것은 도루묵조림이야. 도루묵의 머리와 내장을 떼어 내고, 무를 얇게 썰어 냄비에 깔지. 그 위에 도루묵을 펴 담고, 갖은 양념과 풋고추를 넣어 물을 약간 붓고 조리는 거야. 맛이 담백하여 많은 사람들이 즐겨 찾는 음식이란다.

도루묵은 석쇠에 올려 구워 먹는 석쇠구이가 별미이고, 밀국수에 도루묵을 넣어 끓인 도루묵칼국수도 맛이 좋아. 그 밖에 회를 떠서 먹기도 하고, 북쪽 지방에서는 도루묵을 소금·고춧가루·무·다진 마늘 등의 양념과 함께 항아리에 넣어 삭힌 도루메기식해를 별미로 꼽고 있어.

> **선조와 관련된 음식 이야기가 또 있다면서요?**

선조는 임진왜란 때 의주로 피란을 떠났는데, 하루는 수라상에 도토리묵이 올라왔어. 도토리묵을 맛있게 먹은 선조는 한양으로 환궁한 뒤에도 계속 도토리묵을 찾았어. 그래서 도토리묵이 늘 수라상에 올랐지.

이 도토리묵은 지금의 상수리나무 열매인 도토리로 만들었어. 이때부터 '임금 수라상에 오른 도토리'라 해서 '상수라'라 불리었고, '상수라'는 '상수리'가 되어 상수리나무의 이름이 되었지.

인조와 관련해서는 인절미 이야기가 전해지고 있어.

인조가 이괄의 난으로 충청도 공주 땅에 피란을 갔을 때, 임 씨 성을 가진 백성이 임금에게 떡을 만들어 올렸어. 마침 배가 고팠던 인조는 떡을 맛있게 먹었지.

"참으로 천하의 절미로구나. 이 떡 이름이 무엇이냐?"

그러나 떡 이름이 무엇인지 아는 사람은 아무도 없었어. 찹쌀가루를 시루에 쪄서 콩고물을 묻혀 먹는 떡인데, 그때까지 이름도 없이 지내 왔거든. 인조는 이 사실을 알고 그 자리에서 떡 이름을 '절미'라고 지었어. 떡 맛이 천하의 절미라고 말이야.

그 뒤로 사람들은 떡 이름을 떡을 바친 사람의 성을 붙여 '임절미'라고 불렀어. 그 뒤 임절미는 발음이 바뀌어 '인절미'가 되었지.

명태가 조선 사람들을 먹여 살렸다?

 이유원이 지은 『임하필기』에 다음과 같은 이야기가 실려 있단다.
 옛날 함경도 명천 고을에 태 서방이 살았어. 태 서방은 배를 타고 바다로 나가 고기를 잡는 어부였어.
 '오늘은 날이 맑으려나?'
 태 서방은 아침에 눈을 뜨면 하늘부터 쳐다보았어. 날씨가 좋아야 배를 타고 바다로 나갈 수 있어서였지.
 어느 날 태 서방은 하늘을 올려다보고 이맛살을 찌푸렸어.
 '젠장, 하늘에 먹구름이 뒤덮여 있군. 오늘도 고기잡이를 하러 가긴 틀렸네.'
 명천에는 벌써 사흘째 비가 내렸어. 비가 오고 파도가 높은

날에는 바다로 나가지 못하기 때문에 사흘씩이나 공을 친 셈이었어.

'오늘 고기를 잡지 못하면 밥을 굶어야 하는데. 이거 참 야단났네.'

태 서방은 걱정을 하다가 방에서 다시 잠이 들었어.

"태 서방, 걱정하지 말게. 바다로 나가면 날씨가 좋아질 테고, 고기를 많이 잡을 수 있을 거야."

태 서방의 꿈에 한 노인이 나타나 이렇게 말했어.

태 서방은 좋아서 활짝 웃다가 잠이 깼지.

'흠, 이상한 꿈을 꾸었네. 날씨가 좋아질 테니 바다로 나가라……. 과연 그 말을 믿을 수 있을까?'

태 서방은 잠시 생각하다가 벌떡 일어섰어.

'내가 지금 방 안에 앉아 있을 처지가 아니야. 고기잡이를 못하면 식구들이 굶게 생겼는데.'

태 서방은 날씨와 상관없이 바다로 나가기로 했어. 멀리는 가지 않고 가까운 바다에서 고기를 잡다가 돌아올 생각이었지.

태 서방은 배에 그물을 싣고 바다로 나갔어. 하늘을 쳐다보니 어느새 날이 개어 해가 얼굴을 내밀고 있었지. 그제야 태 서방은 마음이 놓였어.

'하하, 꿈속에서 노인이 말한 대로네. 금방 날씨가 좋아졌어.

그렇다면 고기도 많이 잡힐 것 같은데.'

태 서방은 기대에 부풀어 바닷속에 그물을 던졌어.

이윽고 그물을 끌어올리자 그물 속에는 고기가 잔뜩 들어 있었어. 이제까지 보지 못했던 물고기였지.

'어, 어? 이게 뭐지? 처음 보는 물고기인걸?'

태 서방은 그물을 던질 때마다 많은 물고기를 잡았어. 이렇게 많이 잡기는 난생처음이었지.

'이제 그만 잡자. 잘못하면 배가 가라앉겠어.'

태 서방은 고기를 배에 가득 싣고 돌아왔어.

마을 사람들이 몰려와서 태 서방이 잡은 고기를 보았어.

"이 고기의 이름이 뭐지? 평생 어부 노릇을 했지만 이런 고기는 처음 보네."

"나도 그래. 처음 보는 물고기야."

마을 사람들은 고기를 보며 고개를 갸우뚱했어.

이 물고기를 관청에서 주방 일을 하는 사람이 가져가서 요리하여 군수에게 올렸어. 군수는 물고기 요리를 맛있게 먹고는 이렇게 물었지.

"이 물고기 이름이 무엇이냐?"

그러나 물고기 이름을 아는 사람이 없었어. 그저 명천 고을 태 서방이 잡은 물고기라고 대답했지. 그러자 군수가 말했어.

"보아 하니 이름 없는 물고기 같으니 우리가 이름을 지어 주는 게 어떻겠느냐? 명천 고을에서 태 서방이 잡았으니, '명' 자와 '태' 자를 떼어 붙여 '명태'라고 부르도록 하라."

그리하여 태 서방이 잡은 물고기는 명태라는 이름을 얻게 되었단다.

명태는 대구와 비슷하게 생겼지만 대구에 비해 몸이 가늘고 길며, 아래턱에 짧은 수염이 있지. 찬물고기로 겨울인 11월부터 이듬해 2월까지 동해안 북쪽 해역에서 주로 잡힌단다.

'명태'라는 이름은 함경도 명천의 태 서방이 잡았다고 해서 지어졌지만 또 다른 설도 있어. 삼수갑산(三水甲山) 등 함경도 골짜기에 사는 사람들 중에는 눈이 어두운 사람이 꽤 있었다고 해. 그런데 이들이 바닷가로 와서 겨울 동안 명태의 간을 먹으면 눈이 밝아진다는 거야. 그래서 '명태(明太)'라는 이름을 얻게 되었다는구나.

명태는 오랫동안 이름이 없어 '이름 없는 물고기를 먹으면 몸에 해롭다.'는 미신 때문에 별로 잡지 않았어. 그러다가 이름이 생기자 조선 후기부터 널리 잡게 되었지.

명태는 가난한 조선 사람들의 밥상을 풍성하게 해 주었어. 먹을 것이 귀했던 시절이었기 때문에 금방 사람들의 입맛을 사로잡았고, 조선 사람들을 먹여 살렸다고 할 만큼 조선을 대표하는 생선이 되었단다.

명태는 여러 이름으로 불리고 있어. 봄에 잡히는 것은 춘태, 겨울에 잡히는 것은 동태, 신선한 것은 선태, 말린 것은 건태 또는 북어, 투망으로 잡은 것은 망태, 낚시로 잡은 것은 조태, 정월에 잡은 것은 일태, 이월에 잡은 것은 이태, 덕장에서 겨우내 말린 누르께한 것은 황태 등등 수많은 이름을 갖고 있어.

또한 명태는 버릴 것이 없는 생선으로도 유명하단다. 살은 찌개나 국, 알은 명란젓, 내장은 창란젓, 대가리는 귀세미젓, 눈알은 술안주로 쓸 수 있어서 요리 쓰임새가 다양했거든. 명태는 특히 단백질이 풍부하여 쇠고기와 달걀에 뒤지지 않는 영양 식품으로 알려져 있어.

명태 요리로는 삼복더위에 끓여 먹는 생태찌개가 별미야. 그리고 동태탕, 찜, 구이, 조림, 무침 등 갖가지 요리가 있어 우리나라 사람들이 명태를 즐겨 먹고 있단다.

1940년에 우리나라에서 2억 1천만 마리의 명태가 소비되었다고 해. 그때 인구가 2,200만 명이었으니, 한 해 동안 국민 한 사람이 명태 열 마리를 먹어 치운 셈이었지. 우리나라 사람들이 명태를 얼마나 좋아하는지 알겠지?

> **명태를 겨울 내내 얼리고 녹이면 황태가 된다면서요?**

예로부터 명태가 잘 잡혔던 곳은 함경도 일대의 동해안 북쪽 해역이었어. 이곳에는 해마다 11월경이면 명태가 떼 지어 나타나 황금 어장을 이루었지. 이렇게 한꺼번에 잡힌 명태는 배를 갈라 내장을 꺼낸 뒤 물에 헹구었어. 그러고는 나무로 만든 시렁인 덕장에 명태를 한 줄로 걸어 놓고 말리기 시작했지. 명태는 바닷바람이 잘 통하고, 밤에는 영하 20도까지 내려가는 곳에서 밤에는 얼고 낮에는 녹으면서 겨울 동안 서서히 말라 갔어. 그렇게 해서 3, 4개월 뒤인 3월에 이르러서야 더덕처럼 부슬부슬한 누르께한 황태가 만들어지는 거야.

황태는 해방 전까지는 함경도 원산에서 생산된 것이 가장 유명했어. 그런데 6·25 전쟁 뒤에 함경도 지방에서 내려온 피란민들이 1960년대 초에 원산과 기후 조건이 비슷한 강원도 진부령, 미시령, 대관령 일대에 황태 덕장을 만들었어. 그리하여 이곳은 우리나라 황태의 3분의 2를 생산하는 황태의 명산지가 되었지.

황태는 구수하고 부드러우며 담백한 맛을 자랑해. 황태구이는 푸석푸석 말린 황태에서 살만 꺼내어, 양념장과 참기름을 발라 구운 것이야. 황태 특유의 부드럽고 고소한 맛이 특징이지. 그 밖에도 국, 찜, 조림, 찌개, 불고기 등 다양한 요리가 있단다.

14

원균 장군의 죽음을 알리러
천 리 길을 달려온 애마

　원균은 임진왜란 때 수군으로서 일본군과 맞서 싸웠던 장군이야. 중종 35년(1540년) 경기도 평택의 도일동 마을에서 태어나 무과에 급제한 뒤 여진족을 무찔러 큰 공을 세웠지. 임진왜란 때는 경상우도 수군절도사로서 이순신 장군의 도움으로 옥포해전에서 적선 30여 척을 섬멸했어. 그 뒤 합포해전, 적진포해전 등 여러 해전에서 승리하여 명성을 얻었지.

　원균 장군이 일본군과 싸우다가 전사한 것은 칠천량해전에서였어. 선조 30년(1597년) 7월 8일, 웅천에서 적선 10여 척을 무찌른 그는 적군이 증원 부대를 보내오자 후퇴할 수밖에 없었어. 결국 적군의 공격 앞에 후퇴를 거듭하다가 육지로 상륙했는데 일본군 병사들을 만나 전사하고 말았지.

원균에게는 선조에게 하사받은 애마가 있었어. 선조 29년 (1596년) 7월 9일, 선조는 충청 병마절도사였던 그를 전라좌도 병마절도사로 임명하며 "경이 나라를 위하여 진력하는 충성은 고금에 그 예를 찾아볼 수 없으니 내가 이를 일찍이 가상하게 여겼으나 아직 그 보답을 하지 못했다."면서 자신이 궁궐에서 타던 어마 한 필을 주었거든. 원균은 말을 받고 감격하여 눈물을 쏟고 말았어. 그는 임금과 나라를 위하여 목숨을 바치리라 다짐했지.

원균은 선조가 준 말을 무척 아끼고 사랑했다고 해. 말도 주인을 잘 따르며 애마로서 충성을 다했지.

애마는 원균이 전사하자 슬피 울었어. 그러더니 그가 신던 신발과 담뱃대를 입에 물고 주인집을 향해 달리기 시작했어.

원균의 집에서는 그가 전사한 것을 전혀 모르고 있었어. 원균의 부인인 윤 씨는 집 안에서 말의 울음소리를 듣고 고개를 갸웃했어.

'웬 말이지? 누가 왔나?'

집 밖으로 나간 윤 씨는 말이 물고 온 신발과 담뱃대를 보고 남편이 전사한 것을 알았어. 원균 장군의 애마는 장군의 죽음을 알리러 천 리 길을 쉬지 않고 달려온 거야. 이 말은 주인집에 도착한 뒤 슬피 울다가 쓰러져 죽고 말았지.

　사람들은 원균 장군의 애마가 죽은 곳을 '울음밭'이라 불렀단다. 그리고 죽은 애마를 원균 장군의 묘소 아래에 묻어 주었지. 이 말의 무덤이 바로 '애마총'이야.
　원 씨 문중에서는 주인의 죽음을 알리고 죽은 의로운 말의 넋을 달래며 해마다 애마총의 풀을 깎아 준다는구나.

> **함경도 보청에도
> 애마총이 있다면서요?**

조선 시대에는 군대에 보병 부대와 함께 기병 부대가 설치되어 있었어. 이 기병 부대는 고려 때 최 씨 무신 정권에서 몽고의 영향을 받아 편성한 '마별초'처럼 기동력이 강한 특별 군대였어. 화약 무기의 발달로 기병은 전장에서 사라지게 되었지만, 그 이전만 해도 기병은 최고의 전사였어. 전쟁이 일어나면 보병 열 명이 기병 한 명을 당해 내지 못할 만큼 두려움의 대상이었지.

조선 시대에 군마는 귀하디 귀한 존재였어. '사복시'라는 관청에서 목장을 두어 군마를 길러냈는데, 군마 한 마리를 유지하는 데 병사 네 명에 해당하는 비용이 들었다고 해. 따라서 기병들은 군마를 애지중지할 수밖에 없었고 전쟁터에서는 생사를 같이하는 동료처럼 느껴졌어.

그런데 말들도 자기와 함께하는 기병들과 동고동락하며 애정을 키워 나간 모양이야. 임진왜란 때 가토 기요마사의 왜군 부대가 함경도 보청 땅에 다다랐을 때였어. 기병 부대의 박 장군이 왜군에 맞서 싸우다가 전사하고 말았어. 그러자 박 장군이 탔던 말은 슬피 울며 주인의 시체를 등에 태우고 주인집으로 달려갔어. 그러고는 피눈물을 흘리며 그 자리에 쓰러져 죽어 버렸지. 박 장군의 가족들은 이 말을 의로운 말이라 하여 장군의 무덤 옆에 묻고 '애마총'이라는 비석을 세워 주었다고 해.

혼례식 날 타라고 왕의 말을 사위에게 보낸 인목대비

　선조는 인목왕후에게서 낳은 아들인 영창대군을 세자로 삼고 싶었지만 영창대군이 자라기를 기다리기엔 나이가 많았어. 게다가 그는 몸도 아파 영창대군이 세 살 때 세상을 뜨고 말았지.

　1608년 광해군이 왕위에 올랐어. 이때 그의 나이 33세였지.

　광해군은 자기보다 서른 살이나 어린 영창대군을 별로 좋아하지 않았어. 자기가 임금이 되긴 했지만 영창대군은 왕비가 낳은 아들이었어. 조정 대신들이 영창대군을 지지한다면 왕위를 내놓을 수도 있었지. 따라서 광해군에게는 영창대군이 왕위를 위협하는 정적이었어.

　광해군 5년(1613년)에 명문 집안의 서얼 일곱 명이 문경 새재에서 장사꾼을 죽이고 은 수백 냥을 빼앗은 사건이 일어났어. 그런데 광해군의 측근 대신 이이첨은 이 사건을 영창대군과 그를 지지하는 사람들을 몰아내는 데 이용했어.

"범인인 박응서가 자백했습니다. 자기들이 범행을 저질러 모은 돈으로 역모를 일으켜서 영창대군을 왕으로 모시려고 했답니다."

이것은 이이첨이 박응서를 포섭하여 얻은 거짓 자백이었어. 그러나 그 결과는 조정에 피바람을 불어왔지. 인목대비의 아버지 김제남이 배후 조종자로 몰려 처형을 당했으며, 영창대군이 강화도로 유배되어 일 년 뒤 목숨을 잃었어. 또한 영창대군을 지지하는 세력들이 모조리 제거되었지. 이 사건을 '계축옥사'라고 해.

인목대비와 그의 딸인 정명공주도 이 폭풍을 피해 가지 못했어. 인목대비는 '대비'에서 '후궁'으로 떨어졌으며, 정명공주는 '공주'에서 '서인'이 되었어. 두 사람은 경운궁(덕수궁)인 '서궁'에서 감시를 받으며 갇혀 지내야 했지. '서궁'은 '창덕궁의 서쪽에 있는 후궁'이라는 뜻이었어.

인목대비와 정명공주는 서궁에서 감옥살이를 했어. 죽지 않을 만큼 주는 양식으로 근근이 버텼으며 땔감도 손수 구해 써야 했단다.

그런데 그 생활은 오래 가지 않았어. 광해군 15년(1623년) 3월 12일 인조반정이 일어나 광해군이 쫓겨난 거야.

반정 세력은 서궁에 있는 인목대비를 다시 대비로 모셨어. 그리고 인목대비로 하여금 광해군을 폐하고 인조를 왕으로 책봉하게 했어. 정명공주 또한 서인에서 공주의 신분을 되찾았지.

창덕궁으로 돌아온 인목대비는 공주의 앞날이 걱정이었어.

'공주가 이제 스물한 살이지? 서궁에서 갇혀 지내느라 결혼할 때를 놓쳤으니……. 아니면 벌써 시집을 갔을 텐데…….'

인조는 인목대비의 마음을 읽고 정명공주의 결혼에 앞장섰어. 인조반정이 일어난 지 사흘 뒤인 3월 16일의 일이었단다.

8월쯤 혼례를 올리기로 하고 부마 단자를 받기로 했는데, 신부의 나이가 많아서인지 부마 단자를 내는 사람은 겨우 아홉 명뿐이었어. 정명공주가 21세이니 신랑은 20세 전후가 되어야 하는데, 그 나이쯤 되는 남자들은 대부분 장가를 들었기 때문이야.

할 수 없이 접수 날짜를 늦추고 부마 후보자의 나이도 20세 이하로 낮추었어. 그리하여 8월 11일 초간택, 9월 12일 재간택을 거쳐 9월 26일 정명공주의 부마를 뽑았어. 풍산 홍 씨 출신인 영안위 홍주원이었어. 정명공주보다 세 살 어린 총각이었지.

마침내 혼례식을 올리게 되었어. 신부 집이 궁궐이니 신랑이 말을 타고 궁궐에 와서 혼례식을 올리기로 했어.

인목대비는 혼례식 날이 가까워오자 이런 걱정이 들었어.

'사위를 태우고 올 말이 튼실하고 좋아야 할 텐데. 말이 시원

찾아 사위에게 무슨 일이 생겨 혼례식을 올리지 못하면 어쩌지?'

인목대비는 걱정 때문에 밤에 잠이 오지 않았어.

'좋은 말을 구해야 해. 어디에 가면 사위를 무사히 궁궐까지 태워다 줄 쓸 만한 말이 있을까?'

그때 인목대비의 머릿속에 어마가 떠올랐어. 어마는 왕이 타고 다니는 말이야.

'옳지, 궁궐에는 어마가 있지? 어마는 가장 훌륭한 말이야. 사위를 궁궐까지 아무 탈 없이 태워다 줄 거야. 혼례식을 무사히 올릴 수 있게 해 주겠지.'

인목대비는 사위에게 어마를 태웠다가 어떤 화를 미칠지는 생각조차 하지 않았어. 그저 혼례식을 무사히 올리겠다는 욕심에 사람을 불러 명령했어.

"너는 어마를 구해 사위 홍주원의 집에 보내라. 혼례식 날 사위가 이 말을 타고 궁궐에 올 것이다."

이 일이 알려지자 궁궐은 발칵 뒤집혔어. 조정 대신들은 인목대비의 잘못을 지적하며 인조에게 상소를 올렸어.

"어마는 임금만이 탈 수 있는 말입니다. 백성들은 어마만 지나가도 절을 올려야 하는 거룩한 말입니다. 그런데 인목대비께서 혼례식 날 타라고 어마를 사위에게 보냈다고 합니다. 이것은 도저히 있을 수 없는 일입니다."

인조는 상소문을 받고 매우 난처했어. 인목대비가 잘못한 일이 틀림없지만 그렇다고 인목대비를 벌할 수도 없었어. 인목대비를 벌한다면 광해군이 인목대비를 폐모시키는 등의 잘못을 저질러 반정을 일으켰다는 명분을 스스로 깨는 일이었어. 인조는 반정 공신들을 불러 이 문제를 의논했어. 그 결과 '어마 사건'은 더 이상 문제 삼지 않기로 했단다.

> **인목대비와 정명공주는 붓글씨를 잘 썼다면서요?**

정명공주는 아들 영창대군을 잃고 절망에 빠져 있는 인목대비를 위로하며 하루하루를 보냈어. 그가 주로 하는 일은 붓을 잡고 큰 글자, 작은 글자를 쓰는 것이었어. 정명공주는 부모님의 재능을 물려받아 붓글씨를 잘 썼어. 인목대비는 딸의 글씨를 보고 매우 기뻐했어.

"잘 썼다. 선이 굵고 힘이 넘치는구나. 선조대왕께서 쓰시던 한석봉체 그대로야."

"부끄럽습니다. 아바마마의 어필에 비하면 많이 부족합니다."

"아니야. 그만하면 최고의 솜씨야. 선조대왕께서 직접 쓰신 것 같구나."

서궁에서 인목대비의 유일한 기쁨은 선조의 어필을 본뜬 정명공주의 붓글씨를 보는 것이었어. 최고의 여성 서예 작가로 꼽히는 정명공주의 서예 작품으로는 「화정(華政)」이 있어. '화정'은 '빛나는 정치'를 뜻해. 인목대비도 문장과 글씨에 뛰어난 재능을 보였는데, 현재 국립중앙박물관에 있는 친필 자작시 「민우시(憫牛詩)」는 빼어난 작품으로 평가되고 있단다.

16

제사에 올릴 희생 소가 미쳐 날뛰다

유교 사회에서는 왕이 나라를 세우고 궁실을 꾸려가기 위해서는 반드시 종묘와 사직을 세웠어. 종묘는 조상의 신주(죽은 사람의 영혼이 머무는 자리로, 죽은 사람의 이름과 관직 등을 적어 놓은 나무판)를 모신 사당이야. 왕과 왕후, 공신들의 신주를 모셔 두었지. 그리고 사직은 토지의 신인 '사(社)'와 곡식의 신인 '직(稷)'에게 제사를 지내던 사직단을 말한단다.

종묘와 사직에서 조상의 은덕에 보답하고 하늘을 떠받들고 땅을 아끼는 정신을 만백성에게 널리 알리며, 백성들이 농사를 잘 짓게 해 달라고 제사를 올렸던 것이지. 그러므로 왕이 도읍지를 정하면 '묘동사서'라고 해서 대궐 동쪽에는 종묘, 서쪽에는 사직단을 세웠단다.

종묘와 사직단에서 제사를 올릴 때는 건강한 소를 '희생'으로 바쳤어. '희생(犧牲)'은 제사 때 제물로 비치는 동물을 뜻하지. '희(犧)'는 소(牛)의 기운(義), '생(牲)'은 살아 있는(生) 소(牛)를 의미하는데, 익힌 고기가 아니라 살아 있는 소를 바침으로써 신(神)이 소의 기운을 누리길 바란다는 거야. 희생은 소·말·양·돼지·개·닭 등 여섯 가지가 있어. 그 가운데 가장 귀한 희생이 소로, 고대 사회에서는 하늘에 제사를 지낼 때나 순장용으로 사용했단다.

고려 시대와 조선 시대에는 희생 동물을 맡아 관리하던 관청이 있었어. 장생서와 전구서·전생서가 그것이지.

조선 시대에는 처음에 황소를 희생 소로 쓰다가 성종 이후에는 우리나라 토종 소인 검은 소로 바뀌었어. 검은 소는 전체 소의 10퍼센트밖에 안 되는 데다 황소나 칡소보다 덩치가 작았어. 따라서 제사에 사용할 크고 살진 검은 소를 구하기 힘들어, 전생서에서는 희생으로 쓸 검은 소를 다른 소보다 세 갑절 비싼 값에 사들였다는구나.

희생 소는 주로 제주도에서 기른 검은 소가 뽑혔어. 종묘와 사직의 제사 때 사용할 뿐 아니라 고기 맛이 좋아 임금에게도 올렸지.

인조 13년(1635년) 2월의 일이었어. 봄철 사직의 제사를 하루 앞두고 종헌관이 희생 소를 살펴보고 있었지. 그런데 희생 소가

갑자기 미쳐 날뛰기 시작했어.
 점검 장소에서 뛰쳐나와 종헌관을 뿔로 들이받은 거야. 이 사고로 종헌관은 크게 다쳤지.
 사직단의 관리들과 제관들은 난감한 표정을 지었어.

"어떻게 이런 일이……."

"신성한 제사인데 난동을 일으킨 소를 제사에 올릴 수는 없지 않소? 예비로 마련한 소를 희생으로 씁시다."

관리들은 다른 소를 점검 장소로 끌고 왔어. 그런데 약속이나 한 듯 이 소도 길길이 날뛰며 점검 장소에서 뛰쳐나오는 거야. 그 자리는 금방 아수라장이 되었고, 관리들은 난감했지.

희생 소가 사고를 일으킨다고 해서 제사를 연기할 수는 없었어. 국가 제사는 정해진 날에 올려야 하거든. 결국 관리들이 또 다른 소를 끌고 왔고, 다음 날 제관들은 사직의 제사를 간신히 올릴 수 있었단다.

며칠 뒤 예조 판서 홍서봉이 인조에게 말했어.

"사직단에서 일어난 사고는 유례없는 큰 사고입니다. 옛 경전에는 '겉으로 드러난 것만 보지 말고 그 속에 담긴 뜻을 살피라.'고 했습니다. 이번 사고뿐 아니라 얼마 전에는 태풍이 불어 나무가 뽑히는 재난이 많이 일어났습니다. 이것은 심상치 않은 일로 군사 문제와 관련이 있습니다. 요즘 우리나라가 북쪽 오랑캐와 사이가 나빠지지 않았습니까? 그런데 자꾸 이상한 일이 겹쳐서 나타나니, 이를 북쪽 오랑캐의 침략에 대비하라는 하늘의 뜻으로 알고 대비책을 세워야 할 것입니다."

희생 소들이 미쳐 날뛴 사직단의 사고에 대한 홍서봉의 분석과 전망은 매우 날카롭고 예리했어. 하지만 인조는 이를 귀담아 듣지 않았어.

홍서봉이 말한 북쪽 오랑캐는 '후금'을 뜻하는데, 이듬해 4월 후금은 황제국을 자처하며 나라 이름을 '청'으로 바꾸었어. 그리고 그해 12월 10일에 청태종은 10만 대군을 이끌고 조선으로 쳐들어온 거야. 이 병자호란으로 인조는 1637년 1월 30일 삼전도에서 청태종에게 항복하는 수모를 겪고 말았단다.

종묘 제례는 어떻게 지냈나요?

종묘 제례는 왕실의 조상에게 올리는 제사야. 조선 시대의 모든 제례 중에 가장 중요한 국가 행사였어. 조선 시대에는 봄·여름·가을·겨울의 첫 달과, 동지 뒤 세 번째 되는 날인 납일을 더하여 일 년에 다섯 번 제사를 지냈어. 그 밖에도 나라에 큰일이 있거나 햇곡식, 햇과일이 나올 때, 가물거나 비가 많이 올 때도 제사를 지냈어.

종묘 제례는 왕이 세자와 문무백관·종친을 거느리고 친히 올리는 '친행'과, 세자나 대신이 왕을 대신하여 올리는 '섭행'이 있어. 종묘 제례를 올리기 7일 전부터는 왕을 비롯한 모든 사람이 날마다 목욕을 하여 몸과 마음을 깨끗이 했어. 문상·문병을 하지 않고, 취하도록 술을 마시거나 음악을 듣지 않았어.

종묘 제례의 절차는 다음과 같단다. 조상신을 맞이하는 절차는 왕이 향을 세 번 피워 하늘의 혼(魂)을 부르고, 술을 세 번 땅에 부어 땅의 백(魄)을 부르는 거야. 그다음에는 조상신이 즐기는 절차로 조상신에게 제상을 차려 음식과 술을 올리는 것이지. 복을 받아들이는 절차는 제사에 올린 음식과 술을 나눠 먹는 거야. 마지막으로 조상신을 보내는 절차는 제상을 치우고 제례에 쓰인 축문 등을 태우는 것이야. 이 모든 절차가 진행되는 동안 음악을 곁들이는데, 이를 '종묘 제례악'이라고 해. 기악 연주·노래·춤이 어우러져 아주 장엄했단다.

17
조기잡이 신이 된 임경업 장군

임경업은 조선 중기의 명장이야. 병자호란 때 활약했는데 명나라를 숭상하고 청나라를 배척했어.

임경업은 임황의 아들로 충청도 충주 대림산 기슭의 달천촌에서 태어났어. 어려서부터 활쏘기와 말타기를 좋아했고, 그 솜씨가 뛰어나 누구나 그를 장군감으로 여겼어.

광해군 10년(1618년), 동생 임사업과 나란히 무과에 급제한 그는 벼슬길에 올랐어. 소농보권관과 첨지중추부사를 지냈으며, 인조 2년(1624년)에는 이괄의 난 때 관군으로 출전하여 정충신 밑에서 공을 세웠어. 이괄과 안현(질마재)에서 맞붙었을 때 선봉에 서서 반란군을 무찔러 1등 진무원종공신에 봉해졌지.

그 뒤 임경업은 우림위장·방답첨사·전라도 낙안군수 등을 지내고, 인조 5년(1627년) 정묘호란이 일어나자 전라병사 신경인의 좌영장에 임명되어 강화도로 쳐들어갔어. 그러나 이때는 이미 화의가 이루어진 뒤였지. 임경업은 분통을 터뜨리며 "내게 4만의 병사를 준다면 오랑캐를 무찌르고 압록강 물에 칼을 씻고 돌아오겠다."고 소리쳤단다.

임경업은 체찰부별장·검산산성방어사 등 여러 직책을 거친 뒤 청북방어사 겸 안변부사로 활약했어. 인조 11년(1633년)에 명나라의 장수 공유덕 등이 반란을 일으켜 후금과 손을 잡자 임경업은 명나라군과 토벌에 나서 명나라 황제에게 총병 벼슬을 받았어.

인조 14년(1636년), 후금은 나라 이름을 '청나라'로 고치고 조선으로 쳐들어왔어. 이 전쟁이 병자호란이야. 임경업은 백마산성에서 청나라군에 맞서 싸우려고 했어. 그러나 청나라군은 임경업이 허수아비 수천 개를 성 주위에 세워 두는 작전에 속아, 백마산성을 피해 의주성을 돌아 한양으로 쳐들어갔어. 그 뒤 임경업은 철수하는 청나라군을 압록강에서 무찔러 포로로 잡혀 가던 조선 백성 120여 명과 말 60여 필을 구해 내기도 했어.

병자호란이 끝난 뒤 청나라는 명나라를 치기 위해 조선에 여러 차례 병력을 요청했어. 그때마다 임경업은 장수로 출전했지만 명나라군과 내통하여 싸움을 피하거나 싸우더라도 미리 연락해

피해를 최소한으로 줄였어.

인조 19년(1641년), 한양으로 돌아온 임경업은 이듬해에 명나라와 내통한 사실이 드러나 청나라로 끌려가게 되었어. 그러나 임경업은 도중에 황해도 금천군 금교역에서 도망쳤으며, 머리를 깎고 중이 되어 양주 회암사에서 숨어 지냈어. 그러고는 인조 21년(1643년), 명나라로 망명해 명나라 장수로 활동했지.

하지만 청나라를 공격하다가 포로가 되어 인조 24년(1646년) 조선으로 송환되었으며 좌의정 심기원의 역모에 가담했다는 죄를 뒤집어쓰고 고문을 받다가 죽었단다.

임경업은 병자호란을 전후로 활약하며 명나라에 대한 의리를 지키고 청나라에 맞서다 파란 많은 생애를 마친 명장이야. 그의 불우한 삶과 충절은 백성들의 마음을 사로잡아 그를 영웅으로 만들었으며 그에 관한 설화가 많이 전해진단다.

임경업에 관한 설화는 문헌 설화와 구전 설화에서 찾아볼 수 있어. 『동야휘집』·『청구야담』 등의 문헌 설화로 널리 알려진 것은 '산적을 만난 임경업' 이야기야.

임경업이 달천촌에 살던 젊은 시절, 하루는 사슴을 쫓다가 태백산에서 길을 잃었어. 날도 저물어 어느 나무꾼 집에서 하룻밤을 묵어가게 되었지. 나무꾼은 임경업에게 보여 줄 것이 있다며 그를 연못 한가운데 지은 누각으로 데려갔어. 그러고는 임경업을 연못가 나무 위에 올라가라 이르고 뛰어난 검술로 한 남자를 죽이는 장면을 보여 주지. 이 남자는 그를 죽이려 했던 사람이었어. 나무꾼은 자신이 산적이라며 정체를 밝히고 임경업에게 검술을 가르쳐 주지.

구전 설화 가운데 대표적인 이야기는 '조기잡이 신이 된 임경업 장군' 이야기야.

임경업이 황해도 금천군 금교역에서 도망친 뒤의 일이야. 임경업은 중이 되어 양주 회암사에 숨어 지내다가 서해를 건너 명나라로 망명을 떠나게 되지.

그때 임경업은 마포 강가에서 커다란 배를 골라 타는데, 배가 한강 상류에 이르자 칼을 빼어 들고 선원들을 위협하지.

"나는 임경업이다. 이 배를 몰고 서해를 건너 명나라로 갈 것이다. 내 명령을 따르지 않는 자는 한 칼에 베어 버리겠다."

선원들은 임경업의 명령에 따르겠다고 했지만 고국을 떠나 낯선 땅인 명나라로 가고 싶지 않았어. 그래서 연평도에 이르렀을 때 배 안에 있던 식량과 식수를 모두 내버리고 더 이상 배를 몰고 나아갈 수 없다고 버텼지.

그러자 임경업은 선원들에게 섬에서 가시나무를 베어 바다에 꽂아 두라고 해. 그랬더니 조기들이 가시마다 걸려 있는 거야. 그 다음엔 임경업이 한군데 닻을 내리고 바닷물을 푸게 했는데, 놀랍게도 그 물은 짠물이 아니라 담수(淡水)였어. 이리하여 선원들은 식량과 식수가 마련되어 어쩔 수 없이 명나라로 떠나야 했지.

이런 일이 있고부터 연평도에서는 임경업이 조기잡이 신이 되었어. 연평도에는 임경업 장군신을 모신 사당이 세워졌으며 어부들은 조기잡이를 나가면서 풍어를 비는 고사를 지냈단다.

그 뒤 임경업은 민간 신앙의 대상으로 널리 퍼져, 무속 신앙에서는 영험한 신으로 모셔졌어. 그리하여 박수(남자 무당)·만신(여자 무당)이 모시는 신의 하나가 되어 그들의 보호신으로 섬김을 받지. 사람들은 임경업 장군신이 잡귀를 쫓고 병을 낫게 해 주며 아무 탈 없이 오래오래 살게 해 주는 신이라고 믿는단다.

> ## 조기는 우리나라 사람들이 가장 즐겨 먹는 생선이라고요?

세계에는 1만 3천여 종의 물고기가 있지만, 사람이 먹는 물고기는 350종뿐이래. 우리나라 사람들이 먹는 물고기는 150종인데, 그 가운데 가장 즐겨 먹는 생선이 조기라는구나.

조기는 농어목 민어과에 속하는데, 전 세계에 160여 종이 있다고 해. 미국 연해에 80종, 유럽 연해에 20종, 열대 지방 연해에 37종, 일본 연해에 14종, 한국 연해에 11종이 있다나. 그런데 세계에서 조기를 가장 좋아하는 것이 우리나라 사람들이라고 하니 조기야말로 '국민 생선'이라 할 수 있겠지?

'조기(助氣)'는 '기운을 돕는다'는 뜻에서 붙여진 이름이야. 또는 머릿속에 돌 같은 이석(耳石)이 두 개 들어 있어 '석수어(石首魚)'라 불리기도 하지.

조기류는 참조기를 으뜸으로 치고 있어. 참조기는 제주도와 중국 상하이 근해에서 겨울을 보낸 뒤, 산란을 위하여 2월부터 우리나라 서해안을 따라 북상을 시작한단다. 2월 하순에는 흑산도 연해, 3월경에는 위도 앞바다인 칠산 바다 근해, 5월경에는 연평도 근해에 다다라 산란을 하지. 이때가 조기잡이 철이어서 살이 오를 대로 오른 조기를 잡으려고 수백 척의 어선과 운반선이 몰려들었단다. 이때 바다 위에서 생선을 사고파는 시장인 '파시(波市)'가 이루어졌지.

18 효종이 사랑한 어마 '벌대총'과 양천 현감

임금이 타던 말을 '어마' 또는 '어승마'라고 해. 어마는 조선 시대뿐 아니라 고려 시대에도 있었는데, 서긍의 『고려도경』에는 어마에 대해 이렇게 기록했어.

> 왕이 타는 말의 안장과, 안장 밑에 까는 깔개인 언치는 아주 화려하다. 금으로 만든 것도 있고 옥으로 만든 것도 있는데, 모두 송나라 조정에서 내린 것이다. 평상시에는 말에 갑옷을 입히지 않는다. 하지만 팔관재와 조서를 받는 대례 때에는 말에 갑옷을 입히고, 그 위에 안장과 고삐를 맨 뒤 수놓은 휘장을 덮는다. 가죽 허리띠와 풍성한 가슴걸이에서는 방울 소리가 울리니 매우 화려하다.

어마의 위세는 대단했어. 왕이 타지 않고 말이 혼자 지날 때도 백성들은 허리를 굽혀 예를 표해야 했거든. 만약에 예를 표하지 않고 손가락질하거나 웃으면 큰 벌을 받았지. 임금을 능멸한 죄로 사형에 처해졌단다.

어마를 비롯하여 궁궐에서 쓰이는 말은 '사복시'라는 관청에서 키웠어. 여름에는 270필, 겨울에는 100필쯤 맡았지.

말은 육로의 교통수단이자 국방에 꼭 필요한 것이기에 나라에서는 말을 길러 내기 위해 전국 곳곳에 말 목장을 두었어. 조선 후기에는 강화도의 말 목장이 꽤 규모가 컸어. 길상산 등 다섯 군데에서 1,200여 필에 이르는 말을 키웠지. 강화도 진강산에도 말 목장이 있었는데 이곳에서는 효종의 어마인 '벌대총'을 방목했다는구나.

'벌대총'은 '대륙을 정벌할 푸른 말'이란 뜻이었어. 병자호란 때 청나라에 패하여 볼모로 잡혀 있다가 풀려난 효종은 청나라를 원수로 여겼어. 그래서 청나라에 복수하기 위해 북벌 계획을 세우고 비밀리에 군대를 훈련시켰지.

벌대총은 흰 바탕에 푸른 점을 가진 말이었어. 어찌나 영리한지 강화도에 있으면서도 왕의 행차를 미리 알았어. 혼자 강을 건너가 왕을 태워 강화도로 모셔 왔으며 한양 궁궐까지 왕을 배웅하고는 강화도로 돌아왔다는구나.

효종은 특히 이 말을 아끼고 사랑했어. 북벌 의지를 다지며 말에게 '벌대총'이란 이름을 지어 주었지.

그러던 어느 날이었어. 한양 궁궐까지 왕을 배웅하고 혼자 강화도로 돌아오던 벌대총은 양천 땅에 이르러 갑자기 쓰러졌어. 그러고는 숨을 거두고 말았지.

양천 현감은 이 소식을 듣고 기절할 듯이 놀랐어. 왕이 사랑하는 어마가 하필이면 양천 관내에서 죽었으니 그 고을 우두머리인 자신이 큰 벌을 받게 생겼거든.

양천 현감은 며칠 동안 벌벌 떨다가 궁궐을 찾아가 효종에게 아뢰었어.

"전하, 이 일을 어찌하면 좋겠습니까? 어마가 갑자기 쓰러져 돌보고 있는데 말이 일어나지 않기를 3일이요, 꼴을 먹지 않기를 3일입니다. 아무리 간호를 해도 소용이 없습니다."

양천 현감은 말이 죽었다고 하면 큰 벌을 받을까 봐 이렇게 둘러 댔어. 그러자 효종은 뜻밖에도 이런 말을 하는 거야.

"정성을 다해 돌봤는데도 말이 깨어나지 않으면 고이 장사지내 주어라."

양천 현감은 큰 벌을 받지 않은 것을 천만다행으로 알았어. 안도의 한숨을 내쉬며 양천 고을로 돌아왔지.

그렇다고 어마를 곧바로 장사지낼 수는 없었어. 임금에게 거

짓말한 것이 들통날 수도 있었으니까. 양천 현감은 이러지도 저러지도 못하고 죽은 말 곁에서 3일을 보낸 뒤 벌대총을 고이 장사지내 주었다는구나.

이때 생긴 말이 '양천 현감 죽은 말 지키듯한다.'야. 이러지도 저러지도 못하는 상황에 처했을 때 사용하는 말이지.

한편, 양천현(지금의 서울시 강서구 가양동·개화동·등촌동·마곡동·방화동·염창동·화곡동 일대)이 조선의 360 고을 가운데 가장 작은 곳이어서 벼슬아치들은 양천 현감으로 부임해 오는 것을 매우 꺼렸대. 고을이 작다 보니 농사지을 땅도 적고, 게다가 한강 변에 있어 수해가 심하니 백성들이 해마다 흉년으로 고통을 겪었기 때문이었지.

사정이 이러하니 양천 현감은 울면서 부임해 왔다는데, 막상 현감 노릇을 하다 보면 이곳을 떠나기가 싫어진다고 해. 왜냐하면 수해가 잦다 보니 공미 감량의 혜택을 받았고, 현감이 받는 봉미가 다른 고을들보다 매우 높았거든. 그뿐만 아니라 고을이 작아서 업무가 많지 않고 현감을 괴롭히는 유생들도 없으며 고기잡이를 하는 백성들이 싱싱한 물고기를 잡아다 바치니 세상 부러울 것이 없었던 거야. 그래서 '양천 현감 올 때 울고 나갈 때 운다.'는 속담까지 생겨났다는구나.

태조 이성계가 사랑한 '팔준마'는 어떤 말이에요?

조선을 세운 태조 이성계에게는 유명한 여덟 필의 말이 있었어. 이를 '팔준마'라 부른단다.

이성계의 첫 번째 말은 횡운골이야. 여진에서 태어난 말로, 이성계가 승상 나하추가 이끄는 원나라군과 싸울 때나 홍건적을 토벌할 때 탔던 말이지. 두 번째 말은 유린청이야. 함흥에서 태어났으며 홍건적을 토벌할 때 공을 세웠지. 전투 중에 화살 세 발을 맞았는데도 31세까지 살았다고 해. 세 번째 말은 추풍오로 여진에서 태어난 흑말이고, 네 번째 말은 발전자로 안변에서 태어난 말이야. 발전자는 장단의 사냥터에서 탔던 말이란다. 다섯 번째 말은 용등자로 산천에서 태어났어. 왜구들을 무찌를 때 큰 공을 세웠지. 여섯 번째 말은 응상백으로 제주에서 태어난 흰말이야. 위화도 회군 때 탔던 말이지. 이성계는 이 말을 타고 신도 읍지를 찾아 계룡산에 올랐대. 일곱 번째 말은 사자황으로 강화도에서 태어난 말이야. 왜구 토벌에 나서 장수 아기발도를 죽일 때 탔다는구나. 여덟 번째 말은 현표로 함흥에서 태어났어. 이 말 역시 왜구들을 무찌를 때 탔던 말이야.

이성계는 자신이 탔던 여덟 필의 말 중에서 유린청을 가장 사랑했어. 유린청이 죽자 크게 슬퍼하며 돌로 만든 관인 석조에 말의 시신을 넣어 장사를 지냈지.

개똥을 약에 쓰려고 궁궐 내의원에서 개를 길렀다?

'개똥도 약에 쓰려면 없다.'는 우리나라 옛 속담이 있지? 실제로 똥은 옛날부터 약으로 쓰였어. 특히 타박상을 입은 데에 특효가 있다고 해서 개똥을 굽거나 쪄서 참기름으로 개어 상처에 붙였지. 상처에 잘 붙으라고 참기름으로 갠 거고 균을 죽이려고 개똥을 굽거나 찌는 거라나?

요즘이야 의학이 크게 발달했지만 옛날에는 그렇지 않았어. 의료 시설도 부족하고 의사도 많지 않았지. 그러다 보니 옛날부터 전해 내려오는 치료법인 민간요법에 의해 병을 치료했던 거야.

예를 들면, 기침 감기에는 연뿌리와 생강을 달여 먹는 게 좋고, 쥐손이풀이란 약초를 쓰면 설사가 멈춘다는 거지. 민간요법은 누군가 효험을 보았기 때문에 얻어 낸 치료법이긴 하지만, 모든 사람에게 적용하여 모든 병을 완전히 치료할 수는 없어. 현대 의학으로는 받아들일 수 없는 황당한 것들도 많이 있지.

실제로 개똥을 약으로 썼다는 기록은 남아 있어. 『승정원일기』를 보면 이런 내용이 나온단다.

숙종 15년(1689년) 숙종은 장희빈과의 사이에 낳은 두 살짜리 아들(뒤에 경종)이 자주 경기를 일으키자 약방 도제조의 관원들을 모아 놓고 회의를 했어. 이때 나온 처방이 경기를 치료하려면 열을 떨어뜨려야 하는데, 흰 개 똥즙이 열을 다스리는 데 효험이 있다는 거야. 이 자리에서 한 관원이 이런 말을 했어.

"흰 개 똥즙은 불결하고 비위생적이지만 위급하면 사용해야 할 처방입니다. 저도 병을 앓았을 때 이 약을 써서 효험을 보았습니다."

관원들은 비상시에만 흰 개 똥즙을 사용해야 한다는 데 의견을 모았어. 그래서 열을 다스리려고 흰 개 똥즙을 썼다는구나.

재미있는 것은, 약으로 쓸 흰 개의 똥을 얻으려고 궁궐 내의원에서 흰 개를 길렀다는 거야. 어느 날 영조가 궁궐에서 정원을 돌아다니는 흰 개를 보았대. 영조는 개를 싫어했는지 당장 궁궐 밖으로 내보내라는 영을 내렸지.

궁궐에서 흰 개만 기르고 검둥개는 기르지 않았던 건 아니야. 검둥개는 매년 9월에서 12월 사이에만 내의원에서 길렀어. 검둥개의 똥은 열을 다스리는 약인 '사분산'을 만드는 데 쓰였거든. 하지만 흰 개의 똥은 비상시에 사용해야 하기 때문에 내의원에 두고 일 년 내내 길렀던 것이지.

궁궐에서는 개똥뿐 아니라 사람 똥도 열을 내리는 데 썼어. 중종이 높은 열로 고생하자 해열제인 '야인건수'를 먹였는데 그 약의 원료가 사람 똥이었지. 마른 똥을 탕에 넣어 마시거나 마른 똥을 불에 태우고 남은 것을 물에 타서 먹었어.

사람 똥은 열을 내리는 데만 쓰지 않았단다. 악성 종기에는 똥을 초에 버무려 붙였는데, 하루만 지나면 멍울이 빠진다는구나. 그리고 심한 타박상이나 습진에도 약으로 쓰였고, 판소리를 하는 사람들에게는 목청을 틔우는 데 이용됐어. 명창들은 소리를 배우다가 목에서 피가 나고 열이 나면 똥물을 마셨다는구나.

> ## 궁궐 내의원에는
> ## 어린이 오줌 부대를 두었다면서요?

조선 시대에 궁궐 내의원에는 어린이 오줌 부대인 '동변군'이 있었어. 동변군은 궁중에서 필요한 오줌을 받기 위해 남자아이들을 모아 만든 부대였어. 아이들의 오줌은 약으로 쓰이기 때문에 내의원에서는 늘 아이들을 대기해 놓고 있었거든.

가뭄이 심했던 어느 해 여름, 몇 달째 비가 내리지 않자 조정 대신들은 마지막 비상수단을 쓰기로 했어. 비를 내리게 해 달라고 나라에서는 하늘에 제사를 지냈지만, 정성이 부족했는지 비가 한 방울도 내리지 않았거든.

비상수단은 동변군을 동원하여 비를 내리게 하는 것이었지. 대신들은 내의원에 연락하여 동변군을 서대문 밖에 있는 모화관으로 불러들였어. 모화관은 조선 시대에 중국 사신을 영접하던 곳이었지.

동변군 아이들은 모화관 마당에 죽 늘어섰어. 그러고는 바지를 벗고 하늘을 향해 오줌을 누기 시작했어. 오줌 줄기는 힘차게 하늘로 치솟았지. 하늘을 향해 오줌을 누는 것은 하늘에 욕을 하는 것과 같았어. 이렇게 하면 하늘이 화가 나서 보복을 하려고 비를 퍼붓는다는 거야.

20

청나라 사신이
버리고 간 낙타

숙종 21년(1695년) 4월에 이런 일이 있었어.

청나라 사신이 조선에 올 때는 낙타에 짐을 싣고 오는 경우가 종종 있었어. 이때는 의주에 낙타를 두었다가 한양에 가서 임무를 마치고 청나라로 돌아갈 때 다시 데려갔지.

1695년 4월에도 청나라 사신이 낙타 한 마리를 몰고 왔어. 사신은 한양에서의 일정이 모두 끝나자 돌아가는 길에 낙타를 데리고 가려고 의주에 다시 들렀어. 그런데 낙타를 살펴보다가 깜짝 놀랐단다.

"아니, 낙타가 왜 이렇게 말랐지? 병이라도 들었나?"

낙타를 돌보던 사람이 머리를 조아리며 말했어.

"낙타는 사막에 사는 동물입니다. 조선에 와서 환경이 바뀐

탓인지 먹이를 도통 먹지 않습니다."

"으음, 먹이를 먹지 못해 저렇게 바싹 야위었구나. 저런 몸으로 어떻게 우리나라까지 먼 길을 가지?"

사신은 걱정스러운 얼굴로 낙타를 쳐다보았어.

"저렇게 비실비실한 낙타를 데리고 떠나 봐야 중도에 죽을 게 뻔해. 그럴 바에는 차라리 두고 가는 것이 낫겠군."

사신은 이렇게 말하며 낙타를 조선에 놔두고 떠났어.

그 무렵 대궐에서 일하는 노비가 평안도와 황해도 지방으로 출장을 왔다가 낙타에 대한 소식을 들었어.

'청나라 사신이 버리고 간 낙타가 의주에 있다고? 낙타는 먼 나라에서 산다는 기이한 동물인데. 어떻게 생긴 동물인지 구경 좀 해야겠다.'

노비는 낙타를 보고 싶은 마음에 의주로 달려갔어. 그리고 수소문 끝에 낙타를 찾아냈지.

'참으로 특이하게 생겼구나. 이런 동물을 나 혼자 구경할 수는 없지.'

노비는 낙타를 데리고 있는 사람에게 값을 치르고 낙타를 샀어. 그리고는 낙타를 몰고 한양으로 돌아왔단다.

한양 거리에 낙타가 나타나자 사람들은 낙타를 구경하려고 구름 떼같이 몰려들었어.

"하하, 등에 봉우리가 솟았네. 덩치 큰 녀석이 혀를 쏙 내미는 꼴 좀 봐. 아유, 우스워라."
"우스꽝스럽게 생겼어도 하는 짓이 귀여운걸."

숙종도 낙타에 대한 소문을 들었어. 왕은 호기심을 참지 못하고 몰래 사람을 보내 대궐로 낙타를 데리고 오도록 했어.

얼마 뒤 대궐에 낙타가 있다는 사실을 알게 된 신하들이 숙종에게 상소를 올렸어.

전하, 대궐에서 낙타를 기르시면 안 됩니다. 대궐에서는
기이한 동물을 기르지 않는 법입니다.

숙종은 낙타를 대궐에 두고 가끔씩 보고 싶었지만 신하들이 반대하니 어쩔 수 없이 낙타를 내보내야만 했지.

청나라 사신이 버리고 간 낙타가 그 뒤에 어떻게 되었는지는 알 수 없어. 『조선왕조실록』에 기록이 남아 있지 않거든.

하지만 그전에도 대궐에서 낙타를 기른 적이 없었던 것은 아니야. 광해군 9년(1617년) 4월 23일, 요동의 명나라 장수 구탄이 낙타를 보내오자 이 낙타를 대궐에서 길렀거든. 그런데 이 낙타는 그해를 넘기기도 전에 죽어 버려 사육을 맡았던 관리가 벌을 받았다고 해.

그런가 하면 성종 17년(1486년) 9월에는 성종이 중국으로 떠나는 사신에게 낙타를 사 오라고 부탁한 적도 있었어. 낙타는 무거운 짐을 싣고 먼 길을 갈 수 있으니 전쟁 때 낙타를 이용해 양

식을 나를 수 있겠다고 생각해서였지.

 하지만 사헌부 대사헌 이경동이 반대하는 바람에 그 일은 없었던 일이 되었어. 해마다 흉년이 들어 백성들이 고생하는데, 흑마포 60필이라는 비싼 값으로 진기한 동물을 사오는 것은 큰 낭비라고 반대했던 거야.

> **고려 태조 때도 낙타를 들여왔다가 굶겨 죽인 적이 있었다면서요?**

고려 초에 거란은 사신을 보내 낙타 54마리를 바쳤어. 고려와 정식으로 교류를 하고 싶다면서 말이야. 하지만 태조는 사신을 섬으로 귀양을 보내 버렸지.

"거란은 신의가 없는 무례한 나라다. 발해와의 약속을 헌신짝처럼 버리고 발해를 멸망시키지 않았는가. 이런 나라와는 교역을 하고 싶지 않다. 그리고 간사한 계책을 숨기고 있는지도 모른다. 따라서 이들과는 상대하지 않을 것이다."

태조는 낙타들도 곱게 돌려보내지 않았어. 낙타들을 개경의 만부교 다리 밑에 매어 두라고 하여 모조리 굶겨 죽였지.

결국 이 일을 구실로 거란은 군사를 일으켜 고려로 쳐들어왔단다.

21 일본에서는 조선 통신사를 접대하려고 개를 사육했다?

조선 통신사는 조선 왕조가 일본 정부에 파견한 사신이자 문화사절단이야. 1607년부터 1811년까지 총 12차례에 걸쳐 통신사를 보냈지. 사절단의 우두머리인 삼사(정사·부사·종사관)는 조선 국왕의 국서와 예물을 가지고 일본으로 건너가 에도(지금의 도쿄)에서 도쿠가와 막부의 장군에게 국서와 예물을 전했어.

조선에서 통신사를 보낸 것은 일본과의 평화를 유지하기 위해서였어. 조선은 이미 임진왜란을 겪었기 때문에 일본이 또다시 침략해 오지 않도록 그들의 움직임을 살피고 회유할 필요가 있었거든. 그렇게 함으로써 조선의 국내 정치를 안정시키려 했지. 임진왜란을 일으킨 도요토미 히데요시가 죽은 뒤 권력을 잡은 도쿠가와 막부도 민심을 안정시키고 정권을 유지하기 위해서 조선과의 교류가 필요했어. 특히 일본 백성들은 임진왜란을 일으킨 일본에 복수하려고 조선이 일본을 공격할지도 모른다는 불안감에 사로잡혀 있었단다. 따라서 그 불안감을 없애기 위해서라도 일본 정부는 막대한 비용을 들여가면서 조선 통신사를 초빙했던 것이야.

조선 통신사 일행은 많을 때는 500명에서 적을 때는 300명이 넘는 상당한 인원이었어. 부산에서 배를 타고 일본으로 건너가 다시 조선으로 돌아오는 데 9~11개월쯤 걸렸다고 해. 부산에서 사람을 태운 배 3척과 짐을 실은 배 3척에 나누어 타고 쓰시마를 거쳐 에도까지 갔다가 돌아오는 여정은 수천 리 길이었어. 해로와 육로를 이용해 가고 오는 것은 보통 힘든 일이 아니었지.

더구나 조선 통신사 일행을 안내하고 호위하기 위해 동원되는 일본 사람들은 평균 3천여 명이었어. 따라서 조선 통신사 일행을 합쳐 함께 움직이는 인원이 4천여 명에 이르니 그 행렬이 지나가는 데만 5시간 이상이 걸렸어.

일본은 조선 통신사를 맞이하기 위해 길도 닦고 다리도 새로 놓았어. 통신사 일행이 일본에 머무는 동안 드는 모든 비용을 일본에서 부담했지. 조선 통신사를 접대하는 데 드는 비용은 평균 100만 냥으로, 도쿠가와 막부의 일 년 예산과 맞먹는 어마어마한 금액이었단다.

당시 조선 통신사 일행을 재우고 먹이는 일은 보통 큰일이 아니었어. 조선 통신사를 수행하는 일본 사람들을 포함하면 4천여 명에 이르니 이들을 접대해야 했던 각 지역의 주민들은 몸살을 앓았지.

1711년 조선 통신사 일행이 에도에 닿았을 때 막부의 장군 도쿠가와 이에노부가 물었어.

"일본 각지에서 조선 통신사에 대한 접대가 어떠했소?"

그때 조선 통신사 일행을 안내했던 쓰시마 번주가 이렇게 대답했단다.

"1682년 조선 통신사가 왔을 때 가마가리의 요리가 가장 훌륭했다고 하더군요. 물론 이번에도 마찬가지였고요."

가마가리는 지금의 시모가마가리야. 이곳 주민들은 조선 통신사 일행이 오기 몇 달 전부터 접대 준비를 철저히 했대. 쓰시마·아이노시마·아카마가세키·시모노세키·가미노세키 등 조선 통신사가 거쳐 오는 지역에 미리 사람을 보냈다는 거야. 조선 통신사 일행을 어떻게 접대했으며, 그들이 좋아하는 음식과 싫어하는 음식이 무엇인지 알아보려고 말이야. 그렇게 정보 수집을 마친 뒤에는 조선 통신사 일행을 접대할 장소와 일손을 구했어. 가마가리는 많은 손님을 맞이하기에는 아주 작은 섬이었거든. 그래서 다른 지역에 연락해 209명을 지원받았지.

조선 통신사 일행을 접대할 사람들에게는 저마다 임무가 주어졌어. 누구는 통신 업무를 맡고, 또 누구는 물품 조달을 맡았어. 청소하고 불 때고 물 나를 사람, 다른 지역에 가서 물건을 사 올 사람, 소·돼지·개·닭·꿩 등을 기르는 사육장을 관리할 사람

등도 정했지.

　가마가리 주민들은 조선 통신사가 고기를 좋아한다는 사실을 알았어. 그래서 그들에게 고기 요리를 해 주려고 미리·소·돼지·개·닭·꿩 등을 사육했지.

　그런데 여기서 눈길을 끄는 것은 가마가리 주민들이 조선 통신사에게 개고기 접대를 하려고 개까지 사육했다는 사실이야. 개고기를 좋아하는 조선 사람들을 배려하여 그렇게 철저히 손님을 맞을 준비를 한 것이지.

　이를 보더라도 조선 통신사가 가마가리 요리가 제일 훌륭했다고 말한 이유를 확실히 알겠지?

> ## 개고기 요리를 뇌물로 써서 벼슬이 오른 사람이 있었다면서요?

『조선왕조실록』, 『중종실록』에 이런 이야기가 있어. 조선 중종 때 이팽수라는 사람이 있었는데, 그는 종9품인 봉상시 참봉이었지. 당시에 김안로가 권세를 누리고 있었는데 개고기 요리를 아주 좋아했어. 이팽수는 이런 사실을 알고 살찐 개를 골라 날마다 개고기 요리를 만들어 김안로에게 뇌물로 바쳤단다. 김안로는 개고기 요리를 맛보고 입에 침이 마르도록 이팽수를 칭찬했어.

이팽수의 뇌물은 헛되지 않았어. 중종 29년(1534년) 9월 3일 이팽수가 정7품인 승정원 주서에 임명된 거야. 김안로의 추천을 받은 덕이었지. 그러자 사람들은 이팽수를 '가장 주서'라고 불렀어. '가장'은 '집노루'로 개고기를 일컫는 이름이었거든.

이팽수와 같이 근무했던 동료 중에 정6품인 봉상시 주부 진복창이 있었어. 그는 이팽수가 개고기 요리를 뇌물로 써서 벼슬이 오른 것을 보고 김안로에게 접근했어. 진복창도 날마다 개고기 요리를 만들어 김안로에게 바친 거야.

하지만 진복창은 벼슬이 오르지 못했어. 벼슬이 오르기는커녕 김안로에게 "이팽수보다 요리 솜씨가 떨어지네."라는 핀잔을 들었다는구나.

22

물오리를
잡지 말라고 명한 숙종

숙종은 14세에 왕위에 올라 60세로 세상을 떠날 때까지 45년 동안 나라를 다스렸어. 그는 세자 때부터 건강이 좋지 않았지. 그때 이미 화증을 앓았으며, 숙종 9년(1683년) 10월에는 천연두에 걸렸어. 천연두는 대부분 목숨을 잃게 되는 무서운 병이었는데 숙종은 다행히 한 달 만에 회복할 수 있었어. 그 뒤에도 그는 포만증·안질·노인병·등창 등 여러 질병으로 고생했단다.

숙종 40년(1714년)에는 복부가 부어오르는 병에 시달렸는데, 좋다는 약은 다 써 보았지만 부어오르는 증세는 가라앉지 않았어.

그때 누군가 부어오르는 증세를 가라앉히는 데는 물오리가 좋다고 했어. 그러자 각 도의 관찰사들은 병사들을 풀어 물오리를 잡는 일에 발 벗고 나섰어. 물오리를 한양으로 올려 보내 임금의 병을 고칠 약으로 쓰려고 말이야.

이렇게 되자 죽어나는 것은 병사들이었어. 물오리는 하늘을 나는 짐승인데 어떻게 쉽게 잡을 수 있겠니? 날마다 허탕을 치자 관찰사들은 병사들을 독촉했어.

"뭣들 하고 있느냐? 빨리 물오리를 잡아라! 우리 도가 다른 도들보다 먼저 물오리를 바쳐야 한다!"

병사들은 자기들끼리 투덜거렸어.

"쳇, 무슨 수로 물오리를 잡아? 임금님의 병을 고치는 것은 좋지만 약으로 쓸 물오리가 어디 쉽게 잡혀야지."

"그러게 말이야. 잡히지도 않는 물오리 때문에 밤낮없이 강가를 헤매 다녀야 하니 정말 죽을 맛이네."

숙종은 병사들이 물오리 사냥으로 고생한다는 소식을 듣고 대신들을 불러 말했어.

"물오리 상납을 받지 않겠소. 오늘부터 병사들의 물오리 사냥을 중단시키시오."

병조 판서가 아뢰었어.

"전하, 병사들은 그리 바쁘지 않습니다. 한가한 틈을 이용해 물오리를 잡는데 무슨 문제가 되겠습니까?"

숙종이 고개를 가로저었어.

"절대로 그렇지 않소. 병사들은 전쟁에 쓸 이 나라의 기둥이오. 기둥을 뽑아 헛된 일에 쓰게 한다면 이 나라가 어떻게 되겠소? 금방 위태롭게 될 것이오. 『예기』에 '어린 새끼와 알을 취하지 말고 둥지를 엎지 말라.'고 했소. 성인이 이런 말을 한 것은 모든 동물이 새끼를 낳고 기르는 것이 가장 소중하고 중요한 일임을 깨우쳐 주기 위해서 아니겠소? 모든 병에는 그 병을 다스릴 약이 따로 있는 법이오. 그런데 굳이 생명 있는 물오리를 잡아먹을 필요가 있겠소?"

숙종의 말을 들은 대신들의 얼굴에 감동의 빛이 떠올랐어. 그들은 임금에게 두 번 절하고 이렇게 아뢰었지.

"임금님의 어진 덕과 은혜가 금수에까지 미치니 성덕이 지극합니다. 하늘이 반드시 임금님의 병을 낫게 할 터이니 어찌 물오리를 잡아 약으로 쓰겠습니까?"

숙종이 물오리를 잡지 말라고 명했다는 소식은 병사들에게 전해졌어. 병사들은 뛸 듯이 기뻐했지.

"만세! 이제부터는 지긋지긋한 물오리 사냥을 하지 않아도 된다!"

"너무너무 잘 되었어. 임금님은 우리 병사들의 고통을 알고 우리를 지극히 사랑하시는 분이야."

"어디 우리뿐인가. 물오리 같은 짐승까지 사랑하셔서 그 생명을 귀히 여기고 어진 덕으로 다스리시잖아."

『조선왕조실록』의 『숙종실록』을 기록한 사관은 숙종이 물오리를 잡지 말라고 명한 것에 대해 "임금님의 마음이 온 나라 백성을 어진 덕으로 고무시킨 사건"이며 "임금님의 은혜가 금수에게까지 미친 일"이라고 평했단다.

> "물오리들은 어째서 한겨울에도 추위를 잘 견딜 수 있을까요?"

얼음 어는 강물이
춥지도 않니?
동동동 떠다니는
물오리들아.

얼음장 위에서도
맨발로 노는
아장아장 물오리
귀여운 새야.

나도 이젠 찬바람
무섭지 않다.
오리들아, 이 강에서
같이 살자.

위 작품은 이원수 아동문학가의 대표 동요 「겨울 물오리」야. 겨울이 되면 강으로 날아와 물 위를 동동 떠다니며 노는 오리들의 모습이 잘 그려져 있지?

오리들은 어째서 한겨울에도 얼음 어는 강에서 동상에 걸리지 않으며 추위를 잘 견딜 수 있을까? 그것은 오리들이 방한복 같은 따뜻한 털을 갖고 있고, 체온이 사람보다 훨씬 높기 때문이야. 게다가 얼음장 위에서 발톱으로 서 있어 몸이 얼음장에 닿지 않으니 추위를 타지 않는 거란다. 오리는 우리나라에서 흔히 볼 수 있는 겨울 철새야. 가을에 시베리아, 만주 등지에서 번식하고 우리나라로 날아와 겨울을 나지. 오리도 여러 종류가 있는데 그 대표적인 새가 청둥오리야.

청둥오리는 사람을 두려워하지 않는다고 해. 그래서 옛날 사람들은 이런 성질을 이용해 청둥오리를 길들여 가축으로 길렀는데 그것이 바로 집오리야. 이집트에는 기원전 2500~3500년쯤의 조각에 오리를 잡는 모습이 남아 있고, 기원전 1600년쯤의 무덤 입석판에는 오리 요리가 차려진 상 앞에 고급 관리가 앉아 있는 모습이 새겨져 있어. 유럽에서는 기원전 400년쯤에 로마 사람들이 오리를 사육했고, 17세기 이후부터 오리를 널리 기르기 시작했단다.

중국 사람들이 야생 오리를 길들여 키운 것은 그보다 훨씬 오래전인 기원전 4000년쯤부터야. 한자로 오리 '압(鴨)' 자는 '새(鳥) 가운데 으뜸(甲)'이라는 뜻이 담겨 있는데, 중국 사람들이 잉어 다음으로 좋아하는 것이 오리고기야. 우리나라에서는 오리를 언제부터 사육했는지 정확히 밝혀진 것이 없어. 다만 고려 충숙왕 때 "닭·돼지·오리·거위 등을 길러 제사에 쓰도록 하고, 소나 말을 잡는 것을 금하라."는 기록을 통해 오리를 중국에서 들여와 이미 고려 이전부터 길러 왔음을 알 수 있단다.

23 암탉에게 '우계(友鷄)'라는 이름을 지어 준 이익

조선 시대 학자인 성호 이익의 『성호집』에는 다음과 같은 이야기가 실려 있어.

이익이 집에서 닭을 길렀는데, 어느 날 밤 들짐승이 닭장을 덮쳐 닭들을 물어 갔어. 그런데 그 가운데 암탉 한 마리가 간신히 도망쳐 살아 돌아왔단다. 하지만 이 암탉은 털이 빠지고 온몸에 상처를 입어서 모이도 제대로 쪼아 먹지 못할 형편이었지.

이익의 집에는 어미 잃은 병아리 떼가 있었어. 병아리들이 삐악거리며 애달프게 어미를 찾았는데, 상처 입은 암탉은 상처가 조금 아물자 이 병아리들을 찾아 품어 주기 시작했어.

암탉의 정성은 너무나 극진했어. 때마침 장마가 들어 두어 달 동안 계속되었는데, 두 깃으로 병아리를 덮어 비를 맞지 않게 하려고 무진 애를 썼어. 하지만 암탉이 몸이 작고 다리가 짧아 굽힐 수도 없으니 밤새도록 서 있을 수밖에 없었단다.

이익은 이 암탉을 보고 감동을 받아 '우계(友鷄)'라는 이름을 지어 주었어. 그리고 어질지 못한 사람들에게는 "우계를 닮아라." 하고 말하곤 했지.

하지만 우계는 나중에 들짐승의 습격을 받아 먹이가 되고 말았어. 이익은 외출에서 돌아와 이 사실을 전해 듣고 눈시울이 뜨거워졌어. 그는 암탉의 깃을 주워 모아 상자에 담아 산에 묻고는 '우계총(友鷄塚)'이라 이름 붙였다는구나.

인류가 닭을 기르기 시작한 것은 기원전 6, 7세기경부터라고 해. 인도나 동남아시아에서 야생하고 있던 들닭을 잡아다 길렀는데, 소·돼지·개 등과 더불어 중요한 가축이 되었지.

우리나라 사람들도 옛날부터 닭을 가축으로 길렀어.

닭이 우리나라에 들어온 것은 삼국 시대 이전으로 보여. 『삼국지』「위지동이전」에는 "조선에 꼬리가 긴 닭이 있는데 그 길이가 5척이나 된다."라는 기록이 나와. 그리고 『삼국사기』, 『삼국유사』에 김알지가 태어날 때 숲에서 닭이 울었다거나, 박혁거세의 부인 알영이 계룡에게서 닭 부리 닮은 입을 가지고 태어났다는 등의 이야기가 실려 있어. 이러한 기록을 볼 때 닭은 고대부터 이미 사육되어 왔음을 알 수 있지.

특히 고구려에서는 닭을 숭배하는 풍습이 있어, 인도에서는 고구려를 '계귀국'이라고 불렀대. 『일본서기』에는 신라 병사들이 서라벌에 주둔한 고구려 병사들을 공격할 때 "수탉을 죽여라!"라고 외쳤다는 기록도 남아 있어.

그런가 하면 고려 때에는 닭이 새벽에 우는 버릇을 이용해 시간을 알려고 왕궁에서 여러 마리의 닭을 길렀다고 해.

시계가 없던 옛날에 닭은 새벽을 알리는 신비로운 동물로 인정받았어. 사람들은 밤에만 활동하는 귀신들은 닭 울음소리를 들으면 부리나케 달아난다고 믿었어. 그래서 귀신이 나오는 옛이야기들을 보면, 닭 울음소리 덕분에 화를 면했다는 사람들의 이야기를 흔히 찾아볼 수 있지.

조선 시대에 선비들은 다섯 가지 덕을 갖고 있다며 수탉을 칭찬했어. 첫째는 머리에 벼슬이 있으니 문(文)이 있고, 둘째는 날카로운 발톱이 있으니 무(武)가 있으며, 셋째는 적과 용감하게 싸우니 용(勇)이 있다고 했어. 넷째는 먹이를 발견하면 서로서로 부르니 인(仁)이 있고, 다섯째는 새벽마다 때맞춰 시각을 알려 주니 신(信)이 있다고 했단다.

> 이익은 동물에 대한 사랑이
> 깊은 사람이었다면서요?

성호 이익의 암탉 이야기에서 드러나듯이 이익은 말 못하는 동물에 대한 사랑이 깊은 사람이었어. 『성호사설』에서 그는 말·파리·참새·벌 등 작고 보잘것없는 생명일지라도 이를 아끼고 존중해야 한다는 것을 강조했지.

이익은 '파리도 함부로 잡았다가는'이라는 글에서 이공과 상진의 일화를 소개했어. 이공은 선조 임금의 일곱째 아들 인성군이야. 그는 광해군이 인목대비를 서궁에 가두려 할 때 찬성했는데, 그런 이유로 해서 인조 때 진도로 귀양 보내졌다가 사형을 당하고 말았지. 사형을 선고받았을 때 이공은 크게 탄식하며 이런 말을 했다는구나.

"나는 이제까지 살아오면서 큰 잘못이 없었다. 다만 옛일을 되돌아보면 임금의 명으로 옛 건물을 헐고 새 건물을 지은 적이 있다. 그때 옛 건물을 허느라 지붕 기와 속에 있던 새끼 참새 천여 마리를 죽였는데, 인간으로서 차마 못할 짓을 했다는 자책감이 들었다. 그 일에 대한 앙갚음으로 오늘날 내가 이런 벌을 받는 것인가?"

상진은 조선의 명재상으로 외아들을 잃고 나서 이런 말을 했다는구나.

"나는 평생을 살아오면서 남을 해칠 마음을 품은 적이 없었다. 다만 한 가지 마음에 걸리는 것이라면 평안 감사 시절에 백성들에게 파리를 잡아오라고 시킨 일이다. 그때 시장에는 파리를 잡아 파는 사람까지 있었지. 그 일 때문에 내가 벌을 받아 하나밖에 없는 아들을 여의었는가?"
이익이 두 사람의 일화를 일부러 밝힌 것은 아무리 작은 생명이라도 함부로 죽이면 안 되고, 군자라면 만물을 아끼고 사랑해야 한다는 점을 알리기 위해서가 아닐까.

이익은 '말 기르기'라는 글에서 말발굽에 편자를 박는 것은 말을 학대하는 잔인한 일로 보았어. 편자가 닳으면 제대로 걷지도 못하고 절뚝거리기 일쑤라는 거야. 그래서 다른 글에서는 편자를 만드는 사람을 죄인이라고 부르기까지 했지. 그에 따르면, 발굽에 편자를 박아 놓아 말이 무거운 짐을 진 채 일 년 내내 쉬지 않고 일해야 하고, 저녁에는 감옥 같은 우리에 갇힌다는 거야. 이익은 말을 그렇게 길러서는 안 된다고 했어. 채찍으로 때리지 말아야 하고, 가둬 두지 말고 초원에 풀어놓아 마음껏 뛰어놀게 해야 한다는 것이지.

성호 이익이야말로 동물을 보호해야 한다는 앞선 생각을 가진 사람임을 알 수 있겠지?

24

고래 눈알과 수염을
세금으로 내라?

조선 영조 때의 일이야.

영일만의 영일포는 고래가 많이 잡히는 곳으로 유명했어. 고래가 잡히면 그곳에서 장이 열려, 영일포 아전이 '감세관'이 되어 고래를 경매에 붙였지. 고래는 흔하지 않은 데다 엄청나게 크기 때문에 아주 비싼 값에 팔려 나갔단다. 이때 경매를 맡은 영일포 아전은 세금을 떼어먹어 짭짤한 수입을 올렸지.

영일포에 고래가 세 마리나 잡힌 어느 날이었어. 그날 영일포에는 왕실 재정을 맡은 내수사의 관원이 내려와 있었어. 그는 왕실에 필요한 물건들을 구하고 있었지. 영일포에는 특산물인 고래가 잡히니 고래를 공물로 받으려고 했어. 그런데 그날 열린 장에서 고래 세 마리가 비싸게 팔리는 것을 보고 생각을 바꾸었어.

'영일포 아전이 꽤 높은 수입을 올렸겠구나. 그에게 우리 내수사에 그 돈을 기부하라고 청해야겠다.'

내수사 관원은 영일포 아전을 불러 자신의 신분을 밝혔어. 그리고 고래를 경매에 붙여 번 돈을 내수사에 기부하라고 청했지. 그러나 영일포 아전은 호락호락하지 않았어. 기분 나쁘다는 표정을 짓더니 이렇게 말하는 거야.

"경매를 맡고 있지만 벌어들이는 돈은 푼돈일 따름입니다. 고래도 이미 남의 손에 넘어갔고요. 제가 드릴 수 있는 것은 팔다 남은 고래 눈알과 수염뿐입니다."

내수사 관원은 얼굴이 붉으락푸르락해졌어.

'이런 건방진 놈이 있나? 감히 내 청을 거절해? 어디 두고 보자.'

영일포 아전에게 모욕을 당했다고 생각한 내수사 관원은 한양으로 올라오자마자 내수별좌에게 영일포에서 있었던 일을 그대로 보고했어. 그러자 내수별좌는 화가 머리끝까지 나서 경상 감사를 통해 영일포 감세관에게 어명이라며 이런 지시를 내렸지.

'영일포에서 잡힌 고래 눈알과 수염이 궁궐에 필요하여 공물로 정했다. 그러니 다달이 고래 눈알 30개와 수염 30개를 궁궐로 보내라. 상하지 않은 싱싱한 것을 보내야 한다.'

당시에는 공물을 제때 바치지 않으면 징벌로 다스렸어. 냉동 시설이 없는 옛날에 고래 눈알 30개와 수염 30개를 상하지 않게 싱싱한 상태로 보낸다는 것은 불가능한 일이었지.

영일포 아전이 이 일을 해내지 못하자 경상 감사는 그를 귀양 보냈어. 그러고는 영조 임금에게 상소문을 올렸단다.

"전하, 내수사에서 전하의 이름으로 '다달이 고래 눈알 30개와 수염 30개를 궁궐로 보내라.'는 공문을 보냈습니다. 궁궐에서 고래 눈알과 수염이 필요하여 공물로 정하지는 않았을 것입니다. 그리고 이것이 전하의 뜻이 아니라고 믿습니다. 하지만 영일만 백성들은 공문을 그대로 믿어 전하의 뜻이라고 생각할까 봐 걱정입니다."

상소문을 읽은 영조는 어이가 없었어. 그래서 경상 감사에게 이런 지시를 내렸지.

"나는 고래 눈알과 수염 같은 하찮은 것을 공물로 받고 싶지 않다. 이것은 내 뜻이 아니다. 다만 내수사에서 이런 지시를 한 것은 영일포의 아전들이 법을 무시하고 제 욕심을 채우기에 바빠 그것을 경계하기 위해서일 것이다. 경상 감사는 내 뜻을 알아 그들이 세금을 가로채지 않게 관리 감독을 잘하라. 그리고 고래 눈알과 수염은 그곳에서 모두 없애 버려라."

> **조선 시대에 백성들이 내는 세금은 어떤 것들이 있었나요?**

조선 시대에 백성들이 내는 세금은 토지에서 거두는 토지세와 집집마다 거두는 공물, 그리고 사람의 노동력으로 내는 부역이 있었지.

토지세는 논과 밭에 매기는 세금이야. 세종 때 토지의 질을 여섯 개의 등급으로 나누어 세금을 매기는 법이 만들어졌는데, 그해의 농사가 잘 되고 안 되는 정도를 따져 세금을 거두어들였어. 대체로 전체 생산량의 10분의 1을 세금으로 냈단다.

공물은 지방의 특산물을 세금으로 바치는 거야. 특산물은 어떤 고장에서 특별히 생산되는 물품이지. 우리나라에서는 오랜 옛날부터 다른 나라에까지 널리 알려진 특산물이 있었어. 고구려의 단궁은 중국에서 크게 환영받았으며, 백제의 칠지도는 명검으로 알려져 일본 사람들에게 인기가 높았어. 그리고 신라의 견직물은 중국·일본에서 누구나 탐내는 수출품으로 불티나게 팔렸단다. 고려 시대에 다른 나라에도 수출되는 특산물로는 경상도 안동의 돗자리·방석, 전라도 전주의 종이, 평안도 맹산의 송연묵, 전라도 광주의 모시, 경상도 경주의 능라 등이 있었어. 조선 시대에는 공물로 나라에 바쳐진 특산물로 경상도·전라도·충청도의 면포, 황해도·평안도·함경도의 명주, 충청도 임천·한

산의 모시, 전라도 전주·남원의 종이, 제주도의 말, 강원도의 목재, 황해도의 철물 등이 있었지.

조선 전기의 공물은 집집마다 특산물을 내면 각 고을에서 그것을 모아 중앙으로 보냈단다. 그런데 이 제도는 문제가 많았어. 때로는 그 고을에서 생산되지 않는 물건이 공물로 정해지는 거야. 예를 들면 흑산도에 인삼, 해주에 미역을 바치라고 하는 거지. 그럴 때는 할 수 없이 그 물건이 생산되는 곳에서 사들여 바쳐야 했어. 그러다 보니 비용은 몇 배나 더 들었지. 게다가 공물을 받는 관리들이 퇴짜를 놓으면 물건을 다시 마련해야 했기에 백성들의 부담이 클 수밖에 없었어. 관리들은 일부러 트집을 잡아 뇌물을 챙기거나 규정보다 많은 물건을 내게 해 가로채기까지 했다는구나.

자기 고을에서 생산되지 않는 물건을 구하기 어려워지자, 16세기 후반에는 공물을 대신 내주고 대가를 받는 사람들이 생겨났어. 이런 일을 '방납'이라고 하는데, 이를 맡은 사람들은 큰돈을 벌었지. 인삼 한 근 값으로 무명 16필, 은행 한 말 값으로 쌀 80말을 받는 등 공물 값보다 적게는 몇 배에서 많게는 수십 배에 이르는 이익을 얻었거든. 그러다 보니 고통받는 것은 힘없는 백성들이었지. 이렇게 공물 제도가 많은 문제를 드러내자 이를 바꾸어야 한다는 목소리가 높아졌어. 영의정 이원익은 모든 공물을 쌀로 내도록 해야 한다고 주장했지. 이를 '대동법'이라 하는데, 1608년 경기도에서 시작되어 100년 뒤인 1708년 황해도까지 전국에서 실시되었지. 이리하여 백성들의 부담을 덜어 주고 국가 재정에 큰 보탬이 되었어.

25

'책벌레' 이덕무와
책을 갉아먹는 좀벌레

조선 후기의 실학자인 이덕무는 책읽기를 무척이나 좋아했어. 책만 보는 자신을 '간서치'라고 불렀지. 간서치는 '책만 보는 바보'라는 뜻이었어. 그는 21세 때 자신을 주인공으로 삼아 『간서치전』을 썼는데 그 내용은 다음과 같단다.

목멱산(남산의 옛 이름) 아래에 바보가 살았다. 어눌하여 말을 잘하지 못했고, 성품이 게으르고 졸렬해 세상일을 알지 못했다. 바둑이나 장기 따위는 더더욱 알지 못했다. 남들이 욕을 해도 들은 체하지 않고, 칭찬을 해도 좋아하지 않았다. 오로지 책만 보는 것을 즐거움으로 삼아 춥거나 덥거나 배고프거나 전혀 느끼지 못했다.

어렸을 때부터 스물한 살이 될 때까지 단 하루도 책을 손에서 놓지 않았다. 그는 아주 좁은 방에서 살았는데, 동쪽·서쪽·남쪽으로 창문이 각각 있어 햇빛이 비추는 방향에 따라 밝은 곳에서 책을 보았다.

책을 보면 기뻐서 큰 소리로 웃기에, 집안 사람들은 그의 웃음소리만 들어도 그가 기이한 책을 빌린 줄 알았다. 그는 두보의 오언율시를 특히 좋아하여 병을 앓는 사람처럼 웅얼거렸고, 깊은 뜻을 깨우치면 기뻐서 일어나 방 안을 왔다 갔다 했다. 그런데 기뻐서 내지르는 소리가 갈가마귀 울음소리 같았다. 때로는 아무 소리도 없이 눈을 동그랗게 뜨고 멀거니 바라보거나, 꿈을 꾸고 있는 듯 혼자 중얼거리기도 했다. 그래서 사람들은 그를 보고 '책만 보는 바보(간서치)'라고 놀렸는데, 그는 웃으며 그 별명을 기쁘게 받아들였다.

이덕무는 『간서치전』에 "오로지 책만 보는 것을 즐거움으로 삼아 춥거나 덥거나 배고프거나 전혀 느끼지 못했다."고 밝혀 놓았어. 그는 추울 때 책을 읽으면 몸에 열이 생겨 추위를 잊게 된다고 했고, 배고플 때 책을 읽으면 글에 담긴 이치를 알아 배고픔을 잊게 된다고 했지. 그리고 마음이 괴로울 때 책을 읽으면 천만 가지 근심 걱정이 사라지며, 감기를 앓을 때 책을 읽으면 기운이 생겨 기침도 멎게 된다고 했어. 그에게는 책읽기야말로 몸과 마음을 편안하게 해 주는 만병통치약이었어.

이덕무는 아무리 형편이 어려워도 책읽기를 그만두지 않았어. 한번은 눈병에 걸려 눈을 뜰 수가 없었어. 그런데도 실눈을 뜨고 책을 읽었어. 한겨울에 동상에 걸려 손가락이 퉁퉁 부어올라도 책을 손에서 놓지 않은 그였어.

이덕무처럼 책읽기를 좋아하는 사람을 '책벌레'라고 부르지? 책벌레는 '지나치게 책을 읽거나 공부하는 데만 열중하는 사람을 놀림조로 이르는 말'이라고 국어사전에 나와 있거든.

그런데 실제로 책을 갉아먹는 진짜 책벌레가 있단다. '좀' 또는 '좀벌레'라고 부르는 곤충이 그것인데, 녹말 성분의 먹이를 좋아하고 종이·옷 등의 식물성 섬유를 잘 먹지. 따라서 평생 책을 가까이하며 살아가는 가난한 선비들에게는 좀벌레가 원수 같은 존재라고 할 수 있겠지? 남의 귀한 책을 마구 갉아먹어 못 쓰게 만들었으니 말이야.

'책벌레' 이덕무도 좀벌레 때문에 속을 많이 끓였어. 단 하루도 책을 손에서 놓지 않았던 이덕무에게는 책이 보물이었겠지? 그런데 좀벌레는 책을 고물로 만들어 버렸으니 얼마나 화가 많이 났겠니?

어느 날 이덕무는 자신이 아끼는 책인 『이소경』을 펼쳐 보고 소스라치게 놀랐어. 좀벌레 한 마리가 '추국'·'목란' 등의 글자를 갉아먹어 버린 거야. 그는 너무 화가 나서 길길이 날뛰었어. 좀벌레를 잡아 죽이겠다고 큰 소리로 외쳤지.

그런데 조금 지나자 화가 가라앉더니 이런 생각이 들었어.

'좀벌레가 참 기특한걸. 향기로운 뜻을 지닌 글자들만 갉아먹었으니……. 이 녀석이 책을 좀 읽을 줄 아는 모양이야. 향기로운 것을 좋아하니 머리와 수염에 향기로운 냄새가 배어 있겠지?'

이덕무는 좀벌레의 머리와 수염에 향기로운 냄새가 배어 있는

지 직접 확인하고 싶었어. 그래서 돈을 주고 아이를 사서 집 안을 샅샅이 뒤지게 했지. 그리하여 반나절 만에 책에서 기어 나오는 좀벌레 한 마리를 발견했어. 이덕무는 손을 뻗어 좀벌레를 잡으려 했어. 그런데 얼마나 빠른지 순식간에 달아나 버렸어. 종이에 떨어져 있는 것은 번쩍이는 은빛 가루뿐이었지.

좀벌레는 본래 겁이 많아서 사람에게 발각되면 재빠르게 달아난다는구나. 다 자라도 몸길이가 1센티미터 전후이고, 날개는 없고 홑눈 12개와 긴 더듬이가 있어. 온몸이 은빛 비늘로 덮여 물고기처럼 보여, 서양에서는 '실버피시', 즉 '은어'로 불린단다. 몸이 어찌나 약한지 조금만 다쳐도 은빛 비늘이 떨어져 오장육부가 모두 튀어나오지.

옛날에 좀벌레가 책 속에서 살았던 것은 책의 원료인 식물성 섬유와 제본에 쓰이는 풀이 좀벌레의 좋은 먹이가 되었기 때문이야. 하지만 요즘 책의 원료는 약품을 넣어 만든 합성 펄프이기에 좀벌레가 책 속에서 살지 않아. 그리고 요즘 옷은 삼베·모시 등의 식물성 섬유 대신 화학 섬유로 만들기 때문에 집 안에서 좀벌레를 찾아볼 수 없게 되었단다.

> 박지원은 책 앞에서는 하품을 하거나
> 기지개를 켜지 말며 졸지도
> 말라고 했다면서요?

조선 후기의 문학가이자 실학자인 박지원은 선비가 하루만 공부하지 않아도 금방 표가 난다고 했어. "말이나 행동이 곱지 못하고 갈팡질팡하며, 두려워져 마음을 둘 데가 없어진다."는 거야. 따라서 "날마다 의관을 정제하고 단정히 앉아 책상을 공경스럽게 대하고, 처음 대하는 책은 곱씹어 잘 음미하라."고 했어.

특히 박지원은 책에 대해서는 예의를 지키라고 이렇게 강조했어.

"책 앞에서는 하품을 하거나 기지개를 켜지 말며 졸지도 말라. 기침이 나올 것 같으면 고개를 돌려 책을 피하라. 책장을 넘길 때 침을 바르지 말고, 손톱자국을 내어 표시해서도 안 된다. 책을 베고 눕거나 책으로 그릇을 덮지 말고, 책을 어지럽게 흐트러뜨려 놓지 말라. 책 먼지는 털어 내고 좀벌레를 없애며, 맑은 날에는 책을 햇볕에 말려라. 남에게 빌린 책에 틀린 글자가 있으면 교정을 봐서 종잇조각을 끼워 넣고, 찢어진 곳이 있으면 붙여 주며, 책을 묶은 실이 끊어졌으면 수선하여 돌려주어야 한다."

박지원이 얼마나 책을 소중하게 여겼는지 알겠지? 그는 진정 책을 사람처럼 공경한 문학가였어.

26

풍랑을 만나 표류하다가
필리핀에 도착한
홍어 장수 문순득

조선 시대에 쓰여진 표류기에는 정약전의 『표해록』과 최부의 『표해록』이 있어.

순조 때 정약전은 소흑산도(우이도)에서 유배 생활을 하고 있었는데, 때마침 문순득이란 홍어 장수가 외국에 표류했다가 고향에 돌아온 거야. 문순득은 정약전을 만나 자신의 표류 생활을 자세히 털어놓았고, 정약전은 그 이야기를 정리하여 글로 남겼단다.

흑산도 근해에서 잡히던 홍어는 조선 시대에 전라도에서 가장 사랑받는 별미였어. 전라도에는 "날씨가 추워지면 홍어 생각, 따뜻해지면 굴비 생각"이라는 말이 있을 정도였지. 홍어는 흑산 홍어를 일등으로 꼽았는데, 홍어가 제철인 겨울에는 홍어잡이에 나서는 흑산도 어부들이 잠시도 엉덩이 붙일 틈이 없었다고 해.

문순득은 흑산도 근해에서 잡은 홍어를 어부들에게 사서 뭍에 내다 팔던 장사꾼이었어. 순조 1년(1801년) 12월에 그는 흑산 홍어를 사려고 소흑산도에서 남쪽 수백 리에 있는 태사도(대흑산도 남쪽)에 들어갔어. 그리고 홍어를 잔뜩 사서 배에 실은 뒤 영산포를 향해 떠났는데, 이듬해 1월 18일 풍랑을 만나 선원들과 함께 표류한 거야. 일행은 10여 일을 표류한 뒤 2월 2일 일본의 유구국(지금의 오키나와)에 도착했어.

이들은 유구국에서 아홉 달쯤 머물다가 10월 7일에 중국으로 떠나는 배에 몸을 실었어. 유구국에는 조선으로 곧장 가는 배가 없어 중국을 거쳐 조선에 가려고 했지. 하지만 이 배 또한 풍랑을 만나 표류했는데, 3주 만에 도착한 곳이 여송(필리핀)의 로손 섬이었어.

여송, 지금의 필리핀에서 문순득은 아홉 달쯤 머물렀어. 그의 눈에 비친 필리핀 사람들의 생활 모습은 신기하고 놀라웠지. 그는 필리핀 사람들과 마주 앉아 식사를 했는데, 또 필리핀 사람들은 반드시 의자에 앉아 손으로 음식을 먹는 것이었어. 필리핀 사람들은 닭싸움을 즐겼는데, 닭다리에 은으로 만든 발톱을 끼우는 것이 인상적이었어. 닭싸움에서 지면 닭 주인은 은으로 만든 발톱을 상대방에게 바쳤지.

문순득은 순조 3년(1803년) 3월 16일에 중국으로 향했어. 광동·북경을 거쳐 조선 땅에 들어와 소흑산도에 닿은 것이 순조 5년(1805년) 1월 8일이었어. 그러니까 3년 2개월 만에 고향으로 돌아온 거지.

성종 때는 제주에 부임했다가 고향으로 돌아가던 중 풍랑을 만나 중국에 표류하여 136일 만에 고국에 돌아온 관리가 있었단다. 그가 바로 자신이 겪은 일을 자세히 기록하여 『표해록』이라는 책을 남긴 최부야. 그는 제주에 추쇄경차관으로 파견 근무를 했는데, 이 벼슬은 달아난 노비나 병역 기피자들을 잡아들이는 것이 주요 임무였어.

성종 19년(1488년) 윤 1월 3일, 최부는 서둘러 고향 나주로 가는 배에 몸을 실었어. 그는 아버지가 돌아가셨다는 전갈을 받았거든.

배에는 그를 포함하여 43명이 타고 있었지. 그런데 배가 제주의 추자도 앞바다를 지날 때였어. 갑자기 폭풍이 불어닥치더니 산더미 같은 파도가 배를 덮쳤어. 배 안에 물이 들어와 배는 금방이라도 가라앉을 것 같았지.

"물을 퍼냅시다!"

최부는 이렇게 외치며 앞장서서 물을 퍼냈어.

풍랑을 만난 최부 일행은 여러 날 동안 방향을 잃고 바다에 표류했어. 중간에 폭풍이 그쳤지만 배고픔과 목마름이 그들을 괴롭혔어. 물이 떨어져 자신의 오줌을 받아 마시며 하루하루를 견뎌 냈지.

"아, 저기 육지다! 육지가 보인다!"

육지를 발견하여 간신히 상륙한 일행은 까무러칠 듯이 놀랐어. 거기에는 해적들이 기다리고 있었던 거야. 최부 일행은 가지고 있던 재물을 해적들에게 모두 빼앗기고, 죽을 고비를 겨우 넘긴 뒤 배를 타고 다시 항해를 시작했어. 그러다가 3일 만에 또 육지에 닿았지.

이때 최부는 상을 당한 몸이어서 상복을 입고 있었어. 선원 한 사람이 최부에게 말했어.

"나리, 이제는 상복을 벗고 관복으로 갈아입으시지요. 여기 사람들이 우리를 노략질이나 일삼는 왜구로 오인할 수도 있습니다."

최부는 손을 내저었어.

"구차한 목숨을 건지겠다고 예의를 버리란 말인가? 그럴 수 없네."

최부는 선원의 제의를 끝까지 거절하고 상복을 입은 채 육지에 내렸어. 그곳은 중국 절강 지방의 영파라는 곳이었는데, 일행은 마을 사람들에게 붙잡혀 관청으로 넘겨졌지.

중국 관리들은 최부 일행을 왜구로 알고 있었어. 영파가 오래 전부터 왜구의 침입이 잦은 곳이었거든. 최부는 중국 관리들에게 심문을 받을 때 말은 통하지 않았지만 한자로 당당하게 이야기했어.

"우리는 전부 조선에서 왔소. 13일 동안 표류하다가 여기에 도착한 거요."

"조선에서 왔다고? 그럼 중국 북경에서 조선 서울까지는 얼마나 되는 거리요?"

"3,900여 리쯤 됩니다."

"조선 땅에는 몇 개의 도와 몇 개의 부·주·군·현이 있소?"

"조선에는 8도가 있고, 부·주·군·현이 통틀어 300여 개가 있습니다."

최부는 무슨 질문이든 막힘없이 자세히 대답했어. 그제야 중국 관리들은 의심을 풀고 최부 일행을 조선 사람으로 인정했지.

"그동안 실례가 많았소. 당신들을 북경을 거쳐 조선으로 돌려보내기로 했소."

최부 일행은 북경을 거쳐 고국으로 돌아올 수 있었어. 서울 청파역에 닿은 것이 6월 14일이었으니, 제주 추자도 앞바다에서 풍랑을 만나 표류를 시작한 지 136일 만에 조선에 돌아온 셈이었지.

최부는 여행을 하는 동안 자신이 보고 들은 것을 빠짐없이 기록했어. 그래서 그것을 8일 동안 5만 자 분량의 글로 정리하여 성종에게 올렸지. 이렇게 완성된 『표해록』은 마르코 폴로의 『동방견문록』보다 뛰어난 여행기로 평가받고 있단다.

> ## 흑산 홍어는 어떻게 전라도를 대표하는 음식이 되었나요?

고려 말기, 서남 해역은 왜구들의 침입으로 몸살을 앓고 있었어. 조정에서는 왜구들을 막으려고 주요 섬에 병사들을 보냈어. 하지만 왜구들을 막을 수 없었지.

날이 갈수록 백성들의 피해가 늘어나자, 조정에서는 '공도 정책'을 폈어. 섬에 사는 주민들을 뭍으로 이주시켜 섬을 비워 놓은 거야. 그에 따라 흑산도 사람들도 정든 마을을 떠나 육지로 옮겨 와 살게 되었지.

흑산도 사람들은 바다를 건너 영산강을 거슬러 올라 나주의 한 포구에 정착했어. 그곳은 흑산도 근처의 섬인 영산도 이름을 따서 '영산포'라 불리었지.

흑산도 사람들은 강제로 고향을 떠나왔기 때문에 고향의 해산물 맛을 잊을 수가 없었어. 그래서 그들은 남몰래 배를 몰고 고향 흑산도에 가서 영산포까지 해산물을 실어 왔지. 그런데 그 사이 홍어가 삭아 별미가 된 거야. 이 삭힌 홍어는 남도 곳곳으로 퍼져 나가 전라도 사람들의 입맛을 사로잡았어. 그리하여 전라도를 대표하는 음식이 되었단다.

27
'파리를 조문하는 글'을 쓴 정약용

　　실학자 정약용이 전라도 강진에서 귀양살이를 하던 순조 10년 (1810년) 여름의 일이야. 갑자기 사람 사는 집에 파리들이 들끓더니 엄청 늘어나서 산과 들은 물론 골짜기까지 뒤덮었어. 파리들은 먹을 것을 찾아 술집이며 떡집까지 구름 떼처럼 몰려다녔지.

　　노인들은 이런 광경을 보고 참으로 이상한 일이라며 긴 한숨을 내쉬었어. 하지만 사람들은 아이며 어른 할 것 없이 파리를 잡아 없애느라 소동을 벌였어. 그들은 대나무통을 놓거나 약을 쳐서 파리들을 죽였단다.

　　그러나 정약용은 사람들에게 파리를 죽이지 말라고 했어. 이 파리들은 굶주려 죽은 사람들이 다시 태어난 거라면서 말이야.

　　전라도 강진 땅에는 극심한 가뭄으로 인해 수많은 사람들이 고통을 겪었어. 굶주림에다 전염병까지 겹쳤고 관리들이 재물까지 빼앗아 가니 백성들은 살아갈 수가 없었지. 길가에는 굶어 죽거나 병에 걸려 죽은 사람들의 시신이 넘쳐나 언덕을 뒤덮었어. 수의도 입히지 않고 관에 넣지도 않은 시신들이었지. 날이 따뜻해지면서 시신들은 썩어 구더기가 생겼고, 구더기는 파리로 변해 사람들의 집으로 날아든 거야.

정약용은 이 파리들이 불쌍하고 애처로웠어. 그는 파리들을 죽은 사람들의 화신으로 보았거든. 그래서 파리들을 위로하고 싶었어.

"아, 파리야! 너희들도 우리와 같은 무리가 아니겠느냐? 너희들의 목숨을 생각하니 눈물이 절로 흐르는구나. 이제 음식을 차려 놓고 너희들을 부르니 어서 오너라. 서로 연락을 해서 같이 와 먹도록 해라."

정약용은 '파리를 조문하는 글'을 쓰기 시작했어.

> 파리야, 밥상 앞에 모여들어라. 기름진 쌀밥에 입맛에 맞는 국, 좋은 술에 국수도 있단다. 어서 와서 배불리 먹어라. 울음을 그치고 네 부모와 처자식까지 데려와서 마음껏 먹어라.
>
> 네가 살던 옛집은 쑥대밭으로 변해 버렸다. 처마와 벽이

허물어지고 문도 기울어져 있다. 밤마다 박쥐가 찾아들고, 낮에는 여우가 와서 운다. 네가 일구던 땅은 기장만 우거졌구나. 올해는 다행히 비가 많이 쏟아져 농사를 지을 만하지만, 마을에는 사람이 없어 잡초만 무성하고 땅을 일구지 못한다.

파리야, 날아오너라. 어서 와서 고기에 붙어라. 살이 두둑한 삶은 쇠다리에 싱싱한 생선회도 준비했다. 네 주린 배를 채우고 구겨진 얼굴을 펴라. 도마 위에는 고기가 많이 남아 있으니 네 무리들을 데려와 같이 먹어라.

……파리야, 마을로 날아가면 안 된다. 구실아치가 굶주린 사람을 찾아낸다고 붓을 든 채 사람들의 얼굴을 살피고 있단다. 그래서 뽑히면 희멀건 죽 한 모금 얻어먹을 수 있지. 하지만 그때뿐이고, 돼지처럼 살찌는 것은 구실아치들뿐이다. 보리가 익으면 그나마 굶주린 사람을 찾아내는 일도 그만둔다. 관청에서는 북소리, 피리 소리 울리며 잔치를 벌이는데, 미녀들이 춤추며 부채로 가리니 상다리가 휘어지게 음식을 차렸어도 너는 먹을 수가 없구나.

파리야, 관청으로 날아가면 안 된다. 깃발과 창이 늘어선 가운데 돼지고기 국·쇠고기 국이 넘치고, 메추라기 구이·붕어찜·오리탕·중배끼 과자 등을 차려 놓고 마음껏 즐기고 있구나. 하지만 부채로 가리니 너는 훔쳐볼 수도 없다. 원님은 가만히 앉아 음식을 먹고 마시며 즐기고, 구실아치들은 술집에 들어앉아 엉터리 판결을 한다. 그러고도 고을이 편안하다고, 굶주리는 사람 없이 다들 잘산다고 그들은 상부에 보고하는구나.

파리야, 넋이라도 돌아올 생각은 하지 마라. 현실이 어떤지 알지 못하고 살아가는 너희들이 부럽기만 하구나. 사람은 죽어서도 내야 할 세금이 많이 남아 있단다. 그 세금은 살아 있는 형제들에게 넘겨졌지. 6월인데도 구실아치들은 집집마다 세금을 걷으러 다닌다. 세금을 낼 수 없다고 하면 돈 대신 가마솥을 가져가고, 송아지와 돼지를 빼앗아 간다. 어떤 때는 관청으로 붙잡아가 곤장을 때리기도 한다. 억울한 매를 맞고 오면 기운이 없어, 염병(장티푸스)에 걸려 쓰러지듯 그렇게 죽어 간다.
하지만 사람들은 아무리 억울한 일을 당해도 그것을 알릴 데가 없다. 숨이 금방 넘어가더라도 슬퍼할 수가 없다. 착하고 선량한 사람들은 움츠리고 있고 소인배들이 제멋대로 날뛰니, 봉황이 입을 다물고 까마귀가 떠드는 격이로구나.

파리야, 날아가려면 북쪽으로 가거라. 천 리를 날아 궁궐에 가서 네 충정을 호소하고 깊은 슬픔을 전해라. 말을 하지 않으면 옳고 그름이 가려지지 않는단다. 네 호소가 우레처럼 울려 하늘을 감동시킨다면 농사가 잘 되어 굶주리는 백성들이 없을 것이다. 파리야, 그때 남쪽으로 날아오렴.

정약용은 관리들이 백성들의 재물을 빼앗으며 호의호식하는 반면, 백성들은 관리들의 가렴주구(세금을 가혹하게 거두어들이고 재물을 억지로 빼앗음)로 죽어 가는 현실을 지켜보고 있었어. 부패한 관리들이 백성들을 파리로 만들었던 것이지. 정약용은 이런 현실을 보다 못해 '파리를 조문하는 글'을 썼던 것이란다.

> **감사는 왜 파리를 먹여 살렸을까요?**

날씨가 무더운 여름날이었어. 새로 부임한 감사는 감영에 나왔다가 이상한 광경을 보았어. 머슴들이 마당에 음식상을 차려 놓는 것이었어. 감사가 물었어.
"무슨 일이냐? 마당에 음식상을 다 차려 놓고……."
머슴 가운데 가장 나이가 많은 사람이 대답했어.
"하도 파리가 들끓어 사람들에게 달려드는 통에 살 수가 있어야죠. 그래서 파리들을 없애려고 음식에 독을 타서 마당에 놓는 겁니다."
감사는 어이없다는 표정을 지었어.
"파리들을 죽이려고 음식에 독을 타? 어쩌면 그런 끔찍한 짓을 할 수가 있느냐? 파리가 비록 작고 보잘것없는 미물일지라도 이 세상에 태어난 이상 목숨을 이어 가야 한다. 파리들도 먹고 살아야 한단 말이다. 당장 독을 탄 음식들을 치우고 파리가 먹을 음식을 새로 차려 놓아라."
머슴들은 감사의 명을 어길 수 없었기 때문에 파리들을 위해 새로 상을 차렸어. 그러자 파리들이 날아들어 맛있게 음식을 빨아먹었지.
감사는 그 광경을 지켜보다가 머슴들에게 또 명했어.
"앞으로는 날마다 파리들이 먹을 음식을 마당에 차려 놓아라."

머슴들은 감사의 명을 받들어 날마다 마당에 음식상을 차려 놓았어. 그러자 파리들은 신기하게도 사람들에게 달려들어 귀찮게 하지 않았어.
그러던 어느 날이었어.
감사가 간신들의 모함으로 죄를 뒤집어써서 깊은 산골로 귀양을 가게 되었지.
그런데 감사가 호송 마차에 실려 귀양을 떠날 때 놀라운 일이 벌어졌어. 어디선가 수많은 파리들이 몰려들어 관리들에게 덤벼드는 것이었지. 그래서 한 발자국도 앞으로 나아갈 수 없었어.
그런데 이때 파리들이 감사에게는 달라붙지 않았지. 참으로 신기한 일이었어.
파리 떼 때문에 감사가 귀양을 떠나지 못했다는 소식은 임금에게도 전해졌어.
임금은 감사를 불러 어째서 그런 일이 일어났는지 물었어. 감사는 파리에게 음식상을 차려 준 일을 이야기했지.
임금은 파리에게도 은혜를 베푸는 감사가 나쁜 일을 할 리가 없다며 사건을 다시 조사하라고 명령했어. 그리하여 감사가 간신의 모함으로 죄를 뒤집어썼다는 사실이 밝혀졌어.
임금은 파리에게까지 착한 일을 한 감사를 칭찬하고 감사에게 높은 벼슬을 내렸단다.

28 어떻게 하면 동물을 쉽게 잡을 수 있을까?

예로부터 평안도 지방은 산이 깊고 나무가 울창해서 산짐승들이 많이 살았어. 따라서 산짐승들을 잡으려고 다른 지방에서도 사냥꾼들이 찾아왔지.

어느 날 남쪽 지방에 사는 한 사냥꾼이 평안도의 산골 마을을 찾았어. 그는 산짐승들을 정확히 쏘아 맞힌다는 명포수였어. 기다란 총을 들고 있었지.

마을 사람 하나가 그를 보고 물었어.

"포수 양반, 어떤 동물을 사냥하려고 오셨소?"

포수가 대답했어.

"호랑이나 곰이지요. 날짐승을 잡아 구워 먹는 재미도 쏠쏠해서 참새, 꿩, 오리도 눈에 띄면 잡으려고요."

마을 사람이 포수가 들고 있는 총을 내려다보며 말했어.

"총을 쏘는 솜씨가 어느 정도인지 모르겠지만, 여기서는 섣불리 총을 쏘았다가는 큰일 나요. 호랑이나 곰들이 워낙 사나워서 잘못 건드렸다가는 저승길로 가기 쉽지요. 그래서 우리 마을에서는 산짐승들을 총으로 잡지 않고 꾀를 써서 잡는답니다. 쉰 깍두기와 면도칼 한 개만 있으면 호랑이쯤은 가볍게 해치워 호랑이 가죽을 얻을 수 있어요."

포수가 어이없다는 표정을 지었어.

"그걸 말씀이라고 하는 거요? 호랑이가 얼마나 사납고 무서운데 쉰 깍두기와 면도칼 한 개로 호랑이 가죽을 얻어요? 거짓말을 하려면 좀 그럴 듯하게 하시구려."

"거짓말이 아니에요. 정 믿기지 않으면 우리 마을에서 호랑이 가죽을 어떻게 얻는지 보여드릴까요?"

"그래요. 만약에 쉰 깍두기와 면도칼 한 개로 호랑이 가죽을 얻는다면 내가 오늘 사냥하는 산짐승들을 모두 당신에게 드리겠소. 하지만 호랑이 가죽을 얻지 못한다면 당신은 내게 거짓말쟁이라는 소리를 들을 줄 아시오."

"알겠어요. 내가 어떻게 호랑이 가죽을 얻는지 오늘 당신께 보여드리지요."

마을 사람은 집으로 가서 쉰 깍두기를 그릇에 가득 담아 왔어. 그러고는 포수와 함께 깊은 산골짜기로 들어갔지.

마을 사람이 산길에 깍두기를 담은 그릇을 놓으며 말했어.

"여기가 호랑이가 잘 다니는 길이에요. 저 풀숲에 숨어서 호랑이가 나타나기를 기다립시다."

마을 사람과 포수는 풀숲에 몸을 숨기고 호랑이가 오기를 기다렸어.

이윽고 산 위에서 호랑이가 어슬렁거리며 나타났어. 배가 고파 먹잇감을 찾으러 다니는 모양이야. 호랑이가 코를 킁킁거렸어.

'이게 무슨 냄새지? 처음 보는 먹이네. 어디 한번 먹어 볼까?'

호랑이는 그릇 주변으로 다가가서 깍두기를 먹어 치웠어.

'아유, 셔!'

그 깍두기는 겨우내 먹고 남아 시어 터진 것이었어. 호랑이는 깍두기가 얼마나 신지 정신을 차릴 수 없었지. 눈을 질끈 감고 머리를 흔들어 댔어.

바로 그때 마을 사람이 면도칼을 손에 쥔 채 호랑이에게 다가갔어. 그러더니 호랑이 이마 가죽을 면도칼로 벗겨 냈어. 그다음엔 호랑이 뒤로 가서 꼬리를 힘껏 밟았어. 그러자 깜짝 놀란 호랑이가 앞으로 달아나려고 했어. 하지만 꼬리를 밟혀 얼른 달아날 수 없었어.

그 순간 호랑이가 힘을 주자 가죽이 벗겨지면서 알몸만 통째로 빠져나갔어. 호랑이는 벌거숭이 상태로 걸음아 날 살려라 하고 멀리 도망쳤단다.

"자, 어떻습니까?"

마을 사람이 길바닥에 남은 호랑이 가죽을 집어 들자 포수는 너무 놀라 벌린 입을 다물지 못했어.

"거짓말이 아니었구려. 깍두기와 면도칼 한 개로 호랑이 가죽을 얻다니 기막힌 사냥법이네요. 내가 졌소. 약속대로 오늘 사냥하는 산짐승들을 모두 드리지요."

포수가 마을 사람에게 물었어.

"다른 산짐승들은 어떻게 잡나요? 이 마을에서만 사용하는 비법이 있다고 했는데……."

"하하, 이제 제 말을 믿으시는군요. 궁금해하시니 다른 동물들을 잡는 방법도 알려드리지요."

마을 사람은 포수와 마주 앉아 이야기를 시작했어.

"곰을 잡는 방법을 알려드릴게요. 곰은 먹이를 찾으러 다닐 때 말고는 굴속에 틀어박혀 있잖아요. 그러니 곰을 잡으려면 굴 밖으로 끌어내야지요. 여러 사람과 함께 참나무 토막을 계속 굴 안에 밀어 넣는 거지요. 그러면 곰은 참나무 토막을 받아 자기 옆에 쌓아 놓겠지요. 그러다 보면 굴속은 참나무 토막으로 가득 차게 되고, 결국 곰은 굴 밖으로 나올 수밖에 없어요. 그때 밖에 있던 사람들이 곰을 향해 창을 쑥 내밉니다. 그러면 곰은 그 창을 뺏으려고 잡아당길 테고, 여러 사람이 창을 곰에게 뺏기지 않으려고 버티는 거지요. 그렇게 한참 팽팽히 맞서다가 사람들이 일제히 창을 탁 놓습니다. 그러면 어떻게 되겠습니까? 곰은 제 힘을 못 이겨 제 가슴에 창을 푹 찔러 넣겠지요."

포수가 감탄을 했어.

"야! 기막힌 방법이네요. 날짐승은 어떻게 잡죠?"

"먼저 참새를 잡는 방법을 알려드릴게요. 좁쌀로 풀을 쑤어 술과 섞은 뒤 넓은 이파리에 골고루 발라요. 그리고 그 이파리를 지붕 위에 널어놓는 거지요. 그러면 참새들이 날아와서 술 섞인 좁쌀 풀을 쪼아 먹겠지요. 그때 참새들은 술에 취해 이파리 위에서 꾸벅꾸벅 졸 거예요. 그러다가 이파리에 달라붙어 도롱이처럼 도르르 말려, 떼구르르 지붕 아래로 굴러떨어져요. 그러면 처마 밑에서 기다리고 있다가 참새가 든 이파리들을 싸리비로 쓸어 모아 불에 구우면 훌륭한 참새구이가 되지요."

포수가 군침을 삼켰어.

"독특한 방법으로 참새를 잡아 맛있게 구워 먹는군요. 이 산에는 꿩이 많이 살던데 꿩은 어떻게 잡나요?"

"꿩을 잡으려면 황소가 필요해요. 황소의 등에 진흙을 발라 콩을 박아 둬요. 소꼬리에는 망치를 매달아 놓고요. 그리하여 이 황소를 산속으로 데려가 고삐를 나뭇가지에 묶어 놓으면 꿩들이 몰려들 거예요. 황소의 등에 박아 둔 콩을 먹으려고요. 그때 황소가 등이 간지러워 꼬리를 들어 올려 등을 철썩 갈길 테고, 꼬리에 매달아 놓은 망치가 꿩의 머리를 치겠지요.

나중에 황소를 찾으러 오면 황소 발밑에는 기절한 꿩들이 수북하게 쌓여 있어요."

"황소가 날파리를 쫓는 버릇을 이용해 꿩을 잡는군요. 기발한 방법이에요. 나는 가을이 되면 오리 사냥을 하는데 이 마을에서는 오리를 잡는 특별한 방법이 있나요?"

"총을 쏘면 오리를 몇 마리나 잡겠어요? 총알 한 방에 오리 한 마리…… 그나마 빗맞으면 꽝이지요. 우리 마을에서는 그런 어리석은 방법을 쓰지 않아요. 오리 백 마리가 날아오면 아흔아홉 마리는 거뜬히 잡는 확실한 방법을 쓰지요."

"그래요? 어떻게 하면 오리를 그렇게 쉽게 많이 잡을 수 있죠?"

"이야기를 할 테니 잘 들어 봐요. 우리 마을에는 가을이 되면 들오리들이 떼 지어 날아와요. 오리들은 한밤중에 논바닥에 떨어진 이삭을 주워 먹으려고 논에 내려앉지요. 그런데 오리들이 얼마나 약삭빠른지 자기들 가운데 한 마리를 논두렁에 세워 망을 보게 해요. 그때 오리를 잡으러 간 사람들은 손전등을 들고 미리 그 근처에 숨어 있어요. 그랬다가 손전등을 한 번 '반짝!' 하고 켰다가 끄지요. 그러면 망을 보던 오리는 깜짝 놀라 꽥꽥거려요. '꽥, 꽥, 꽥! 사람이 나타났다!' 그때 논바닥에 있던 오리들도 기겁을 하여 어디 사람이 있나 하고 주위를 둘러보아요. 하지만 그 어디에도 사람이 없거든요. 오리들은 성이 나서 망을 보던 오리에게 달려들어요. '거짓말쟁이! 우리를 속여?' 오리들은 그 오리를 콕콕 쪼아 대고 털을 몽땅 뽑아 죽여 버리지요.

그다음엔 다른 오리가 망을 보게 돼요. 그때 그 근처에 숨어 있는 사람들이 또 손전등을 '반짝!' 하고 켰다가 끄지요. 그러면 망을 보던 오리는 또 사람이 나타났다며 꽥꽥거리고 오리들은 깜짝 놀라 사방을 살펴보아요. 하지만 이번에도 사람이 보이지 않거든요. 오리들은 화가 나서 망을 보던 오리를 물어뜯고 털을 뽑아 죽여 버리지요. 그다음에 또 망을 보는 오리를 세우고, 사람들은 손전등을 '반짝!' 하고 켰다가 끄고, 망을 보던 오리는 사람이 나타났다며 꽥꽥거리고, 오리들은 자기들을 속였다고 화가 나서 그 오리를 죽여 버리고……. 이런 일이 밤새도록 계속되면 오리 백 마리 가운데 아흔아홉 마리쯤은 거뜬히 잡을 수 있지요."

포수가 고개를 끄덕였어.

"기막힌 방법이군요. 털까지 다 뽑혀 있어 오리를 솥에 넣고 그냥 끓이기만 하면 되니……."

평안도의 산골 마을을 찾은 포수는 그날로 총을 버렸단다. 이제 꾀를 써서 동물들을 쉽게 잡을 수 있게 되었기 때문이지.

> ## 봉이 김 선달은 어떻게 오리 떼를 팔아 버렸을까요?

옛날 평양에서 '김 선달' 하면 모르는 사람이 없었어. 워낙 꾀가 많아 번번이 사람들을 골탕 먹이기 때문이었어.

김 선달의 집은 대동강가에 있었어. 그래서 심심하면 혼자 강가를 거닐었지.

겨울이 가고 봄이 찾아올 무렵이었어. 김 선달은 아침나절에 강가에서 오리들을 바라보고 있었어.

오리들은 가을에 떼 지어 강으로 날아왔어. 그러고는 강에서 겨울을 보내고, 이제 먼 나라로 떠날 채비를 하고 있었어.

오리들은 수없이 많았어. 오리들이 일제히 날아올랐다가 강물 위로 내려앉는 광경은 참으로 볼만했어.

'오리 떼를 팔아 버려야겠어. 한 마리에 한 푼씩만 받아도 돈이 얼마야? 떼돈을 벌 수 있단 말이야.'

김 선달은 골똘히 생각해 보더니 강가를 떠났어. 그러고는 한참 뒤에야 어수룩한 시골 부자 영감을 데리고 강가로 돌아왔어.

"바로 저 오리 떼입니다. 잘 먹여서 모두 오동통하지요."

"굉장하군요. 전부 몇 마리나 되죠?"

"예, 5만 8천 2백 40마리입니다."

김 선달은 능청스럽게 이렇게 말했어. 물론 오리가 몇 마리나 되는지 세어 본 적은 한 번도 없었어.

"참! 저 오리들이 당신 것이 맞습니까?"

"그럼요. 이래봬도 오리들이 주인을 알아봐요. 한번 보시겠습니까?"

김 선달은 강가를 거닐다가 갑자기 손뼉을 치며 큰 소리로 외쳤어.

"날아라!"

그러자 놀란 오리들이 일제히 하늘로 날아올랐어. 잠시 뒤 김 선달은 오리 떼가 강물로 내려앉을 기미가 보이자 기다렸다는 듯이 큰 소리로 외쳤어.

"내려앉아라!"

그러자 오리들은 일제히 강물로 내려앉았어.

시골 부자 영감은 고개를 끄덕였어.

"역시 주인 말을 잘 듣는군요. 잘 길들여 놓았어요."

이리하여 김 선달은 시골 부자 영감에게 오리 떼를 비싼 값에 팔아 치울 수 있었어.

다음 날 아침, 다시 대동강을 찾은 시골 부자 영감은 눈이 휘둥그레졌어. 오리가 한 마리도 보이지 않았거든.

"어, 어? 모두 어디 갔지?"

시골 부자 영감은 오리 떼를 찾아 헤맸어. 하지만 끝내 찾을 수 없었지. 간밤에 오리 떼가 먼 나라로 떠나 버렸기 때문이었어.

29

사람들이 다툴 때 옳지 못한 사람을 뿔로 받아 버리는 해태

경복궁 정문인 광화문 앞에는 눈을 부라리고 앉아 있는 두 마리 동물 석상이 있지? 사자와 비슷하게 생겼지만 머리에 뿔이 하나 달려 있는 이 동물이 상상의 동물이라는 해태야. 한자로는 '해치(獬豸)'라고 하지.

해태는 옳고 그름과 선악을 스스로 판단하여 안다는 신령스러운 동물이야. 해태에 대해서는 중국 한나라의 양부가 쓴 책인 『이물지』에 이렇게 소개되어 있어.

동북 변방에 '해치'라는 짐승이 산다. 머리에 뿔이 하나 달려 있는데, 신선이 먹는다는 먹구슬나무 잎만 먹는다. 성질이 곧고 바르기에 사람들이 다툴 때 옳지 못한 사람을 가려내어 뿔로 받아 버린다. 그리고 사람들이 논쟁할 때 거짓말하는 사람에게 덤벼들어 물어뜯는다.

해태는 이처럼 신령스러운 동물로 여겨 중국에서는 초나라 때부터 정의와 법의 상징으로 삼아 왔어. 그래서 초나라 왕은 머리에 금관 대신 해태관을 쓰고 나라를 다스렸으며, 궁궐 문 앞에 세워 두어 본을 받게 하고 법을 다스리는 관리의 관복에도 해태 문양을 새겨 넣었지.

광화문 앞 해태상

우리나라에서도 고려 때는 임금이 궁궐 밖으로 나갈 때 의장기에 해치기가 있었단다. 그리고 관리의 부정과 비리를 밝혀내어 탄핵하는 사헌부 관리의 관복에도 해태 문양을 새겨 넣었지.

해태상은 궁궐 앞이나 처마 밑에도 세워 놓았어. 관리는 물론 임금까지 해태를 본받아 공평무사하게 나라 일을 보라는 뜻에서 해태상을 만들어 놓은 것이지.

> "흥선 대원군은 경복궁을 다시 지을 때 자주 불이 나서, 그 불기운을 막으려고 광화문 앞에 해태상을 세웠다면서요?"

고종 때 흥선 대원군은 경복궁을 다시 세우기 위해 공사를 시작했어. 경복궁이 임진왜란 때 불에 타 버려 270년 만에 이루어진 공사였지. 그런데 도중에 자꾸 불이 나서 공사가 중단되었단다.

지관에게 자꾸 불이 나는 이유를 물어 보니, 경복궁 맞은편에 있는 관악산이 '화산(火山)'이기 때문이라는 거야. 그래서 광화문 앞에 해태상을 세워 관악산의 불기운을 막도록 했지.

해태는 눈을 부릅뜨고 이빨을 드러낸 채 관악산을 노려보고 있어. 불귀신이 관악산에서 날아오면 해태는 목에 달린 방울을 울려 위험을 알리고 불귀신과 맞서 싸워 도성과 궁궐을 지킨다는구나.

30 주인의 원수를 갚은 개

옛날 경상도 하동 땅에 어린 딸과 몸종을 데리고 사는 과부가 있었어. 과부는 집에서 개 한 마리를 키웠지.

어느 날 과부의 집에 도둑이 몰래 숨어들었어. 도둑은 돈을 훔쳐 가려고 집 안을 샅샅이 뒤졌어. 하지만 돈을 찾을 수 없었단다.

도둑은 과부를 깨워 칼을 겨누며 이렇게 위협했어.

"목숨이 아깝거든 당장 돈을 내놓아라."

과부는 도둑을 보자 너무 놀랐어. 그래서 저도 모르게 큰 소리로 외쳤어.

"도, 도둑이야!"

당황한 도둑은 과부를 찌르고 안방에서 뛰쳐나갔지.

이때 과부의 고함 소리를 듣고 어린 딸과 몸종이 뛰어나왔어.

도둑은 어린 딸과 몸종도 찌르고 집 밖으로 달려 나갔어.

그때 마루 밑에 있던 개가 뛰쳐나왔어. 개는 도둑을 보고 마구 짖어 댔지.

도둑은 개를 발길로 걷어차고는 줄행랑을 놓았어.

다음 날 아침, 고을 동헌으로 개 한 마리가 찾아왔어. 개는 무엇인가 하소연하듯 칭얼거렸어.

"어서 꺼져! 여기가 어딘 줄 알고 찾아왔어?"

문지기는 눈을 부라리며 개를 쫓았어. 하지만 개는 다시 돌아와 칭얼거렸어.

"왜 또 왔어? 너 정말 혼나야 정신 차리겠니?"

문지기는 험악한 표정을 지으며 개를 쫓았어. 그러나 개는 쫓아도 쫓아도 자꾸 찾아와 칭얼거렸지.

쫓다 쫓다 지친 문지기는 고개를 갸웃거렸어. 아무래도 무슨 사연이 있나 보다 생각했지.

'이상한 일이네. 무엇 때문에 자꾸 찾아오는 거지? 안으로 그냥 들여보내 볼까?'

문지기는 개를 쫓지 않고 그냥 내버려 두었어. 그러자 개는 동헌 안으로 들어가더니 고을 사또 앞에 넙죽 엎드렸어. 그러고는 또다시 칭얼거렸어.

사또가 소리쳤어.

"왜 개를 안으로 들여보냈느냐? 어서 문지기를 데려오너라."

문지기가 사또 앞으로 불려왔어.

사또는 문지기를 보고 호통을 쳤어.

"너는 왜 개를 동헌 안으로 들여보냈느냐?"

"저도 어쩔 수 없었습니다. 쫓아도 쫓아도 찾아와서 칭얼거리는데 무슨 까닭이 있어 보였습니다."

문지기의 말을 듣고 사또는 개를 내려다보았어.

개는 사또를 올려다보고 있었어. 그 눈빛이 무언가 간곡히 호소하는 듯 보였지.

사또는 포졸들을 불렀어.

"너희들은 이 개를 따라가 보아라. 무언가 곡절이 있어 보이는구나."

사또의 명이 내려지자 개는 기쁜 듯 꼬리를 치며 앞장을 섰어. 포졸들은 그 뒤를 따라갔지.

개는 과부의 집으로 포졸들을 데려갔어. 마당으로 들어서자 개는 집 안을 향해 슬프게 짖어 댔어.

집 안으로 들어간 포졸들은 기겁을 하였지. 여자 세 사람이 칼에 찔려 죽어 있었기 때문이야.

포졸들은 동헌으로 돌아온 후, 살인 사건이 일어난 것을 사또에게 보고했어. 사또는 빨리 범인을 잡으라고 포졸들에게 명령했단다.

 개가 주인의 죽음을 관가에 알렸다는 소문은 온 고을에 퍼져 나갔어. 그래서 영특한 개를 구경하기 위해 사방에서 사람들이 몰려들었지. 살인 사건이 일어난 과부의 집 주위는 구경꾼으로 발 디딜 틈이 없었단다.

 포졸들은 과부의 집 주위를 새끼줄로 둘러쳤어. 그래서 구경꾼들이 집 안으로 들어오지 못하게 했지.

 이때 과부의 집에서 개가 나왔어. 구경꾼들은 개를 보려고 저마다 목을 길게 뺐어.

 개는 구경꾼들을 둘러보았어. 그러다가 갑자기 사납게 짖어 대더니, 구경꾼 중 한 사람의 옷자락을 물고 늘어졌단다. 덩치가 큰 젊은이는 당황하면서 도망가려고 했지만 개는 물고 있던 범인의 옷자락을 놓지 않았어.

 포졸들은 이 광경을 보고 젊은이에게 달려들었어. 젊은이를 잡아서 묶고 관가로 끌고 갔지.

 사또는 젊은이를 직접 신문했어. 젊은이는 사또 앞에서 고개를 떨구며 순순히 자백했지. 과부의 집 살인 사건의 범인은 자기라고 말이야.

 다음 날 마을 사람들은 죽은 세 사람의 장례를 조용히 치러

주었단다.

그 날부터 개는 주인의 무덤가에서 꼼짝 않고 앉아 있었어. 아무것도 먹지 않고 슬피 울고만 있더니, 며칠 뒤 그만 숨을 거두고 말았지. 마을 사람들은 안타까워하면서 과부의 무덤 곁에 개 무덤을 만들어 주었어.

> ## 우리나라에서는 언제부터
> ## 개를 기르기 시작했어요?

개는 한자로 '견(犬)'이라 표기하는데, 대개 큰 개를 뜻하지. 작은 개는 '구(狗)', '술(戌)', '기(獫)', '교(狡)'라고 적어.

우리 조상들은 개를 쓸모에 따라 사냥할 때 쓰는 개는 전견(田犬), 집을 지키는 개는 폐견(吠犬), 식용으로 기르는 개는 식견(食犬)이라고 했어.

인류가 개를 언제부터 기르게 되었는지는 정확한 자료가 없어. 다만 여러 가지 문헌이나 그림 등으로 미루어 볼 때 지금으로부터 2만 년 전쯤으로 추정하고 있어. 고대 이집트나 동양에서 개를 기르기 시작했으며, 개의 조상은 이리, 자칼, 늑대 가운데 하나로 짐작하고 있어.

우리나라도 개를 언제부터 기르게 되었는지 정확히 알려 주는 자료가 없어. 신석기 시대 유적 가운데 함경북도 서포항과 농포리 유적에서 개 머리의 조각품이 발굴된 적이 있어. 그리고 고구려 고분 벽화에 개 그림이 있으며, 신라의 토우 가운데 개의 형상을 한 것들이 많이 있어. 이러한 자료들로 미루어 볼 때 우리나라에서는 개를 신석기 시대부터 기르기 시작하여 삼국 시대에까지 이어져 왔음을 알 수 있어.

개의 남다른 특징이라면 사람들을 잘 따른다는 점이야. 주인에 대한 충성심이 있으며 먼 곳에서 자기 집을 찾아오는 능력도 있지. 또한 후각이 발달하여 사람보다 수천, 수만 배 뛰어나며 청각도 뛰어나 경찰견·수사견으로 이용되고 있단다.

우리나라에는 진돗개, 삽살개, 풍산개, 제주개 등의 토종개가 있어.

진돗개는 천연기념물 제53호로 지정되었으며 우리나라를 대표하는 토종개야. 냄새를 잘 맡고 사냥을 잘하며 충직하고 슬기로워 우리나라에서 가장 우수한 개로 인정받고 있어.

삽살개는 천연기념물 제368호로 지정되었으며, 귀신을 쫓는 개로 알려져 있지.

풍산개는 진돗개, 삽살개와는 달리 북한에서 유명한 개란다. 날쌔고 용감하며 사납기로 이름 높지. 일제 강점기에 천연기념물로 지정된 적이 있어.

제주개는 진돗개와 마찬가지로 섬에서 혈통이 보전되어 온 개야. 질병에 강하고 영리하며, 오소리·꿩·노루 등의 사냥을 잘하지.

31

오천 오백 냥을 바쳐
벼슬을 받은 과부 집 개, 황발이

조선 말기 전라도 보성 땅에 한 과부가 있었어. 그는 재산이 많아 50여 칸이 넘는 큰 기와집에서 살았지.

이 과부의 집에는 '황발이'라는 개가 있었어. 발이 누렇다고 해서 지어진 이름이었지. 마을 사람들도 이 집을 부를 때는 '과부 집'이라고 하지 않았어. 개 이름을 붙여 '황발이네 집'이라고 불렀단다.

당시에는 '자직(資職)'이라고 하여 돈을 받고 벼슬을 팔았어. 돈만 있으면 누구나 벼락감투를 쓸 수 있었지.

돈을 많이 내느냐 적게 내느냐에 따라 벼슬이 달랐지만, 대부분 감역이나 참봉, 첨지중추부사 등의 벼슬을 팔았단다. 그때는 벼슬을 팔러 다니는 사람이 따로 있었어. '어인(御印)'을 찍은 백지를 들고 시골의 부잣집을 찾아가 벼슬을 팔았지. 이 백지가 바로 '백지 교지'야. 백지 교지에 이름과 벼슬 이름을 쓴 뒤 부자에게 돈을 받고 벼슬을 판 거야.

어느 날 벼슬을 팔러 다니는 사람이 전라도 보성 땅을 찾아왔어. 그는 지나가는 사람을 불러세워 물었지.

"이 고을에서 제일 큰 부잣집이 어디 있소?"

"황발이네 집이라고 여기서 멀지 않은 곳에 있어요."

벼슬을 팔러 다니는 사람은 황발이네 집을 물어물어 찾아갔어. 그때까지도 그는 황발이가 개의 이름인 줄 몰랐어. 그저 부잣집 주인 이름인 줄 알았지. 그래서 백지 교지에 황발이 이름을 쓰고 '감역'이라고 쓴 뒤 대문을 두드려 주인을 불렀단다.

"이 댁의 주인이 황발이죠? 감역 벼슬을 시켜 주려고 임금님의 교지를 가져왔으니 상납금 오천 냥과 수수료 오백 냥을 바치시오."

주인 과부가 웃는 얼굴로 말했어.

"임금님이 덕이 많으셔서 보잘것없는 가축에게도 은혜를 베푸시는군요. 감사합니다. 제가 감역 벼슬에 오른 것보다 더 기쁘고 영광스럽네요."

돈 많은 과부는 오천 오백 냥을 선뜻 내놓고 벼슬을 샀어. 그 뒤로는 자기 집 개를 '황발이'라 부르지 않고 '황 감역님'이라고 깍듯이 불렀다는구나. 마을 사람들도 그 집을 '황발이네 집'이라 부르지 않고 '황 감역 집'이라 불렀어. 그리고 돈 주고 벼슬을 사고파니 이제는 개도 벼슬을 사서 출세를 하는 세상이라고 수군거렸단다.

고려 때도 벼슬을 받은 개가 있었어. 바로 좋은 일을 해서 정3품 벼슬을 받은 복실이야.

고려 제25대 충렬왕 때의 일이야. 1282년 4월, 개경에 원인을 알 수 없는 이상한 병이 퍼지고 있었어. 이 병으로 많은 사람들이 떼죽음을 당했지.

개경의 '진고개'라는 마을도 예외는 아니었어. 며칠 만에 마을 사람들 대부분이 죽고 말았어. 살아남은 사람들은 마을에 계속 머물러 있을 수 없어 너도나도 짐을 꾸려 마을을 떠났지.

그런데 마을을 떠나지 않은 사람이 한 명 있었어. 앞을 못 보는 어린아이였어. 부모와 친척이 모두 전염병으로 죽어 아이를 돌봐 줄 사람이 아무도 없었던 거야. 아이는 방 안에 혼자 남아 울고 있었어. 며칠째 아무것도 먹지 못해 기운이 하나도 없었지.

그때 누군가가 아이의 옷자락을 잡아끌었어. 손을 대 보니 복슬복슬한 털이 만져졌어.

"너, 복실이로구나."

아이는 울음을 그치고 복실이를 쓰다듬었어.

"어디에 있었니? 그래도 너는 떠나지 않고 마을에 남아 있었구나."

아이는 너무 반가워서 복실이를 꼭 껴안았어.

복실이는 아이네 집에서 키우던 개였어. 부모가 죽은 뒤 잠시 사라졌다가 다시 나타난 거야. 복실이는 아이의 옷자락을 물고는 잡아당겼어.

"왜 그러니? 밖에 나가자고?"

아이는 복실이에게 이끌려 밖으로 나왔어. 복실이는 자기 꼬리를 아이 손에 갖다 댔어. 아이는 그 꼬리를 잡고 복실이를 따라갔단다.

　복실이는 텅 빈 마을을 벗어나 어디론가 한참 걸어갔어. 복실이가 아이를 데려간 곳은 이웃 마을이었어. 이웃 마을에는 사람들이 있었어. 전염병의 피해가 적어 마을을 떠나지 않고 그대로 살고 있었던 거야.

　복실이는 어디선가 빈 바가지 하나를 구해 왔어. 그리고 그 바가지를 입에 물고 집집마다 동냥을 다니기 시작했지.

　바가지를 입에 문 복실이와 그 꼬리를 잡은 아이가 나타나면 집주인들은 혀를 끌끌 차며 바가지에 밥을 담아 주었어.

　"쯧쯧, 가엾어라! 부모님이 돌아가신 모양이구나. 앞 못 보는 어린 것이 고생이 많구나."

　마을을 한 바퀴 돌자 바가지에 밥이 수북이 담겼어.

　복실이는 아이가 밥을 다 먹을 때까지 얌전히 기다렸어. 아이가 다 먹은 뒤에야 남은 밥을 먹었지.

　아이가 목이 마르다고 하면 복실이는 아이를 우물가로 데려가 주었어. 아이는 시원한 우물물로 목을 축일 수 있었단다.

　복실이는 아이와 함께 아침저녁으로 이 집 저 집 동냥을 다녔어. 그리고 밤에는 집으로 돌아와 같이 잠자리에 들었지.

　마을은 텅 비어 있었지만 아이는 외롭지 않았어. 복실이가 늘 곁에서 지켜 주고 있었기 때문이야. 아이는 누가 복실이에 대

해 물으면,

"나는 부모에게서 났지만 이 개 덕에 살아갑니다."

하고 대답했지.

봄, 여름이 지나고 가을이 되었어. 무서운 전염병이 수그러들자 마을을 떠났던 사람들이 하나둘 돌아왔어. 사람들은 아이가 혼자 마을에 살아 있는 것을 보고 깜짝 놀랐어.

아이는 사람들에게 이제까지 살아온 이야기를 자세히 들려주었어. 마을 사람들은 그 이야기를 듣고 큰 감동을 받았지.

"개가 사람보다 낫네. 앞 못 보는 어린 주인을 헌신적으로 돌보다니."

이 이야기는 곧 온 나라에 퍼졌어. 이를 들은 충렬왕은 복실이에게 정3품 벼슬까지 내렸단다.

> **조선 시대에 왕에게 벼슬을 받은 나무들이 있다면서요?**

소나무는 한자로 '송(松)'이라고 써. 이것은 중국에서 유래하는데, 원래는 벼슬 이름이었다고 해. 최초로 중국을 통일한 진나라 시황제가 길을 가다가 소나기를 만났는데, 한 나무 밑에 들어가 비를 피할 수 있었어. 시황제는 이 나무가 고마워 '목공(木公)', 즉 '나무 공작'이라는 벼슬을 내렸지. 그 뒤 이 나무는 목공 두 글자가 합쳐져 '송(松)', 그러니까 '소나무'라 불렸다고 해.

조선의 왕들도 나무를 사람처럼 생각하여 나무에게 벼슬을 내렸어. 세종은 용문사의 은행나무에게 '당상직첩'이라는 벼슬을 주었는데, 정이품에 해당하는 높은 벼슬이었어. 세종이 용문사의 은행나무에게 벼슬을 내린 것은 나라에 큰일이 있을 때마다 소리 내어 울어 미리 알려 주었기 때문이야.

이 은행나무는 높이 67미터로 우리나라에서 제일 큰 나무이며, 나이도 천 살을 훨씬 넘은 것으로 알려져 있어. 경기도 양평군 용문면 신점리 용문사 입구에 있으며, 천연기념물 제30호로 지정되어 있어.

세종의 아들인 세조도 소나무에게 벼슬을 주었는데, 바로 충청북도 보은군 내속리면 상판리에 있는 정이품송이야. 이 나무가 유명해진 것은, 1464년 피부병을 치료하려고 세조가 법주사로 행차할 때, 타고 있던 연이 가지에 걸리자 소나무 스스로 가지를 들어 올려 연이 지나가도록 해 주었기 때문이야. 그리고 법주사에서 불공을 마치고 돌아가던 세조 일행이 갑자기 소나기를 만나자 소나무 밑에서 비를 피할 수 있게 해 주었지. 세조는 이를 기특하게 여겨 소나무에게 정이품 벼슬을 내렸으며 이 나무는 '정이품송'이라 불리게 되었어.

천연기념물 제30호 양평 용문사 은행나무

조선 시대에 왕에게 벼슬을 받은 나무는 속리의 정이품송만이 아니야. 연산군이 어린 시절에 잠시 머물렀던 강희맹의 집에 있는 늙은 소나무에게 정3품 벼슬을 주었고, 고종은 아버지 대원군의 집인 운현궁에서 어린 시절 올라가 놀았다는 소나무에게 종2품 벼슬을 주었어. 그러나 두 소나무는 지금은 사라지고 없어. 정3품 소나무는 강희맹의 집이 철거되면서 함께 없어졌고, 종2품 소나무는 일제 강점기에 벼락을 맞아 죽었단다.

일본에서 이륜마차를 들여온 박영효

수레는 몸체에 바퀴를 달아 물건이나 사람을 실어 나르는 운반 도구야. 몸체·바퀴·채로 이루어져 있는데, 수레에 연결된 채를 들고 끌거나 동물에 멍에를 지워 끌게 하지.

수레의 바퀴는 2~4개가 흔하나 초헌이나 손수레처럼 한 개짜리도 있고, 경우에 따라서는 여덟 개짜리도 있어.

바퀴의 크기와 종류는 아주 다양해서 초기에는 둥근 통나무에 구멍을 뚫고 축대를 박아 썼으나, 뒤에는 철로 바퀏살을 만든 튼튼한 바퀴를 제작하여 사용했어.

수레의 종류는 사람의 힘으로 끄는 손수레, 소의 힘으로 끄는 달구지(우차), 말의 힘으로 끄는 마차 등으로 나눌 수 있어.

수레는 기원전 3000년경 서아시아에서 인류 최초로 사용했어. 말이 가축화될 때까지 집소가 주로 수레를 끄는 데 이용되었지. 그 뒤 기원전 2500년경 바빌로니아에서 구리로 만든 바퀴 테를 가진 전차를 사용했으며, 이집트·그리스·로마에서도 수레를 전차나 짐차로 이용했어. 중국에서는 기원전 1300년경 은나라에서 바빌로니아의 것과 비슷한 전차를 사용했어. 소가 끄는 달구지도 이때 나타났다고 해.

우리나라에서는 언제부터 수레를 사용했는지 정확히 밝혀진 기록이 없어. 다만 고구려 고분 벽화에서 수레를 찾아볼 수 있고, 신라나 가야의 옛 무덤에서 수레 모양의 토기가 나온 것으로 보아 이미 삼국 시대부터 수레를 사용한 것을 알 수 있어.

『삼국사기』에는 신라 눌지왕이 438년(눌지왕 22년)에 백성들에게 소가 끄는 수레를 사용하는 법을 가르쳤다는 기록이 있어.

그러나 수레는 고려 시대를 거쳐 조선 시대에 와서는 널리 쓰이지 않았어. 우리나라에는 산이 많아서 수레가 다닐 만한 길이 부족하고, 오랑캐가 쳐들어오기 쉽다며 도로를 닦고 다리를 놓는 것을 기피했기 때문이야. 더욱이 지배층들이 농업만을 중시하고 상업을 소홀히 하여 물품 유통에 필요한 수레가 발전하지 못했어. 그래서 조선의 실학자 박지원과 박제가는 백성들을 잘살게 하려면 수레를 많이 이용해야 한다고 주장했단다.

마차는 말의 힘으로 끄는 수레야. 사람이나 짐을 실어 나르는

데 주로 사용해. 마차는 끄는 말의 수에 따라 두 마리가 끄는 쌍두마차, 네 마리가 끄는 사두마차로 나뉘어져. 그리고 바퀴 수에 따라 2바퀴인 이륜마차, 4바퀴인 사륜마차 등으로 구분해.

말이 끄는 마차는 전차에서 비롯되었어. 오리엔트·이집트 등의 지역에서 출토된 부조에 그려진 1마리 또는 2마리가 끄는 이륜 전차가 그 근거로 제시되고 있어. 마차의 종류는 카트·왜건·코치·캐리지·역마차·포장마차 등으로 나눌 수 있어.

카트는 2바퀴로 짐을 나르는 마차이고, 왜건은 4바퀴로 짐을 나르는 마차야. 왜건은 이집트에서 처음 사용했는데 카트보다 안전하고 많은 짐을 운반할 수 있었지.

코치는 동물이 끄는 4바퀴 수레를 뜻해. 카트와 왜건이 발전하여 만들어진 마차로, 1450년대에 헝가리 콕스 지방에서 처음 사용했어. 말이 승객이나 우편물, 짐을 실어 날랐지.

캐리지는 코치를 개량하여 더욱 빠르고 편안하게 승객이 이용할 수 있도록 만든 마차야.

역마차는 2개 이상의 역을 가진 고정 노선을 운행하는 마차야. 1640년경 영국 런던에서 사용하기 시작하여 18세기에서 19세기 초까지 미국과 유럽에서 최전성기를 누렸어. 하지만 점차 철도에 의해 밀려났지.

포장마차는 천으로 지붕을 덮어 만든 화물용 대형 마차야.

18세기 초에 만들어져 미국의 서부 개척에 한몫을 담당했어.

우리나라에 사람이 타는 마차가 들어온 것은 1884년 3월이야. 박영효가 이륜마차를 일본에서 들여왔어. 그리고 10년 뒤인 1894년에 '하나야마'라는 일본인이 마차를 들여와 서울 시내와 서울에서 인천 사이를 운행했지. 마차는 8·15 광복 후 서울 거리에 등장해 사람들을 실어 날랐는데, 6·25 전쟁 이후에 자취를 감추었어. 오늘날에는 적은 수의 마차가 관광용으로 이용되고 있어.

한편, 박영효는 사람이 끌던 수레인 인력거를 일본에서 우리나라로 처음 들여왔다는구나. 1883년 한성 판윤이 되자 그는 관리들에게 교자 대신 인력거를 타고 출퇴근하라고 권했어. 인력거는 '다카야마 고스케'라는 일본인이 서양 마차를 본떠 처음으로 만들었다고 해.

> ## 달구지는 소의 힘으로 끄는 수레라면서요?

달구지는 소의 힘으로 움직이는 수레야. 소가 끈다고 해서 '우차(牛車)'라고도 부르지.

우리나라 달구지는 모두 짐을 실어 나르는 것이야. 소가 말보다는 느려도 힘이 무척 세기 때문에 소를 이용하여 많은 짐을 옮길 수 있어.

달구지는 바퀴가 두 개짜리인 북방식과 네 개짜리인 남방식으로 나눌 수 있어.

북방식은 북한 지방이나 산악 지대에서 사용하던 달구지야. 소 등에 길마를 얹지 않고 쳇대를 길게 하여 소의 목에 걸었어. 그렇게 해서 소가 달구지를 목의 힘으로 끌 수 있도록 했지. 이는 달구지가 험한 산길을 다니기 때문에 달구지가 넘어지거나 언덕 아래로 굴러 내리는 경우 소가 다치는 것을 막기 위해서야.

북방식은 바퀴를 두 개 달아 길이 험해도 소가 달구지를 잘 끌 수 있게 했어. 그리고 바퀴를 남방식에 비해 크게 만들어 돌에 걸리는 것을 방치했지.

남방식은 우리나라 중부 이남의 평야 지대에서 사용하던 달구지야. 몸체에 두 가닥의 쳇대를 따로 붙이고 이를 소 등에 얹은 길마에 연결해서 소가 달구지를 몸으로 끌 수 있도록 했어. 바퀴를 네 개 달아 소가 무리 없이 달구지를 끌 수 있게 했으며, 앞바퀴는 뒷바퀴보다 작게 만들고 좌우로 움직여 방향을 바꿀 수 있게 했지.

북방식은 소뿐만 아니라 말도 달구지를 끌 수 있게 했는데, 그래서 도회지에서는 짐을 나를 때 말을, 농촌에서는 곡식을 나를 때 소를 이용했단다.

달구지 바퀴는 옛날에 대부분 나무로 만들어 쇠테를 둘렀어. 하지만 그 뒤에는 나무 바퀴 대신 자동차 타이어를 사용했지.

고양이 그림을 대문에 붙여 놓으면 콜레라 귀신이 달아난다?

19세기에 콜레라는 가장 무서운 전염병이었어. 호랑이가 살점을 찢어내는 듯한 고통을 준다고 해서 콜레라를 '호열자(虎列刺)'라고 했어. 이 병에 대해 「대한매일신보」 1909년 9월 24일자에는 다음과 같은 기사가 실렸지.

호열자는 본래 한국에서 '쥣통'이라 칭하던 괴질이니, 이 병에 걸리면 완연히 쥐 같은 물건이 사지로 올라오고 내려가는 것 같으며, 운신도 임의로 못하고 뼈만 남아 죽는 고로 '쥣통'이라 했다. 이 병이 한 집에 들어가면 한 집의 사람이 거의 다 죽고, 이 고을에서 저 고을로 칡덩굴같이 뻗어가며 일거에 일어난 불과 같이 퍼져 간다.

콜레라는 특히 구한말에 한반도를 공포로 몰아넣었어. 수시로 콜레라가 유행해 많은 사람들의 목숨을 앗아 갔지. 1886년만 해도 서울에서만 1만여 명이 콜레라로 죽어 갔으며, 1895년에도 콜레라가 크게 유행해 사람들이 떼죽음을 당했어.

당시에 쥐가 콜레라를 전염시킨다는 사실이 알려지자 사람들은 쥐 귀신이 사람 몸속에 들어와 콜레라를 일으킨다고 생각했어. 콜레라에 걸리면 초기 증세로 팔과 다리 등에 경련이 일어나는데, 이것은 쥐 귀신이 환자의 심장을 갉아먹으려고 환자의 발 속으로 파고들어 다리부터 몸을 따라 올라가면서 생기는 것이라 여겼지. 따라서 병이 나으려면 몸속에 있는 쥐 귀신을 쫓아내야 한다고 해서 대문에 고양이 그림을 붙여 놓았지. 고양이 그림을 보고 무서워 쥐 귀신이 달아나라고 말이야. 때로는 고양

이 그림 대신 고양이 가죽을 대문에 걸어 놓기도 했어. 또한 콜레라 귀신인 쥐 귀신을 쫓기 위해 고양이 가죽으로 환자의 몸을 문지르는가 하면 바가지를 긁어 고양이 소리를 내기도 했단다.

이런 원시적인 민간요법은 학질 환자에게도 사용되었어. 몸에 붙은 학질 귀신은 놀라게 해야 떨어진다고 믿었거든. 그래서 학질 환자를 절벽 위에 앉혀 놓고 학질 귀신 떨어지라고 갑자기 뒤에서 등을 쳐 놀라게 했지. 1925년 7월 8일에는 왜관에서 학질 환자를 기차가 지나가는 철교 밑에 새끼줄로 매달아 놓은 사건도 있었어. 기차가 달려오는 것을 보고 놀라서 학질 귀신이 떨어지라고 말이야.

한편, 서울 한강 변의 한 마을은 우리나라에서 콜레라로부터 가장 안전한 마을이라고 해서 1901년 「더 코리아 리뷰」에 소개된 적이 있었어. 이 마을은 우리나라에서 유일하게 콜레라 환자가 나오지 않았는데, 마을 뒤에 고양이 등처럼 생긴 언덕이 있어 마을을 보호하기 때문이라는 거야. 콜레라 귀신인 쥐 귀신이 이 언덕을 커다란 고양이로 알고 감히 얼씬도 못한다는 것이지. 그래서 이 마을에서는 콜레라 환자를 찾아볼 수 없다는 거야.

> **전염병이 돌면 사람들은 보따리를 싸고 도망치기에 바빴다면서요?**

우리나라에서는 옛날부터 전염병을 역병·여역·역질·염병 등으로 불렀어. 전염병은 서쪽 중국에서 건너와 서북 지방에서 시작해 남쪽으로 번졌지. 그래서 전염병을 중국(당나라)에서 왔다고 '당학'이라고도 불렀어. 실제로 콜레라는 1820년 중국에서 크게 유행한 뒤 이듬해 우리나라에 들어와 한반도를 휩쓸었단다.

전염병이 한번 돌면 수많은 사람들이 큰 고통을 겪었어. 멀쩡하던 사람이 손쓸 틈도 없이 병세가 악화되어 죽어가고, 빠른 속도로 번져 갔거든. 전염병이 크게 유행했던 17세기 중반에서 19세기 중반 사이에는 79차례나 전염병이 크게 돌았는데, 어떤 해에는 50만 명이 넘는 사람이 전염병으로 목숨을 잃었지. 사람들은 보따리를 싸고 도망치기에 바빴는데 전염병이 한창 유행할 때는 성안이 텅텅 비는 것이 예사였지.

당시에 사람들은 역신 때문에 무시무시한 역병이 생긴다고 믿었어. 따라서 전염병이 많이 돌 때는 '여제'를 드려 역신에게 제사를 지내기도 했지. 나라에서는 전염병이 돌 때 『벽온방』이라는 책을 펴냈어. 이 책에는 전염병에 대한 예방법으로 '대문에 붉은 글씨로 부적을 써 붙이면 역신을 물리칠 수 있다.', '큰 솥에 물을 끓여 마당에 놓고 향을 태우면 역신이 대문을 통해 집 안으로 들어오지 못한다.' 등이 적혀 있단다.

대구와 일본에 불어닥친 개 소탕 작전

　1907년 10월의 일이야. 일본인들이 모여 사는 동네인 서울 진고개(지금의 충무로)에서 개가 사람을 무는 사건이 벌어졌어. 그 개는 우리나라 사람이 기르는 개였고, 개에게 물린 사람은 일본인 어린아이였지. 비슷한 시기에 대구에서도 개가 사람을 무는 사건이 일어났어. 이번에도 개에게 물린 것은 일본인이었고, 그 개는 우리나라 사람이 기르는 개였지.

　하지만 대구에서는 이 사건이 간단하게 끝나지 않았어. 대구 경시청에서 난데없이 개 소탕 작전을 벌인 거야. 일본인을 문 개는 보통 개가 아니었어. 눈이 충혈되어 있었기 때문에 광견병에 걸린 개로 짐작했지. 그런 개가 사람을 물고 다니니 대구에 비상이 걸린 거야.

대구 경시청에서는 개백정들을 한자리에 불러 모아 엄포를 놓았어.

"지금부터 보름의 여유를 주겠다. 그 안에 대구 시내에 있는 떠돌이 개들을 모조리 잡아 죽여라. 보름이 지난 뒤에 단 한 마리라도 떠돌이 개가 발견되면 너희들을 감옥에 집어넣겠다. 15년 동안 콩밥을 먹게 할 테니 그리 알아라."

개백정은 개를 잡아 죽이는 사람이야. 일제 강점기에 그들은 개를 잡아 가둘 궤짝을 손수레에 실은 채 거리를 돌아다녔어. 주인의 이름과 주소가 적힌 개 목걸이가 없는 개만 골라 궤짝에 잡아넣었지.

그런데 놀라운 것은 아무리 덩치가 크고 사나운 개라도 개백정만 나타나면 맥을 못 추는 거야. 저만치에 개백정이 보이면 오줌만 질질 싸며 얼어붙어 있다가 개백정이 다가오면 반항 한 번

못하고 붙잡혔지.

그렇게 쉽게 개를 잡는 개백정인데도 이들은 개를 잡기 위해 대구 시내를 이 잡듯이 뒤지고 다녔어. 떠돌이 개를 단 한 마리라도 남기면 징역 15년 형에 처한다고 했으니 이들에게도 비상이 걸린 거야. 그렇게 개 소탕 작전을 벌여 해치운 개가 모두 194마리야.

개 소탕 작전은 인천에서도 대대적으로 펼쳐졌어. 도시가 불결하여 콜레라 등의 전염병이 자주 발생한다고 아무데나 똥오줌을 누는 개들을 잡아 죽인 거지. 인천에서는 개백정이 아니라 순사들이 나섰는데 230여 마리의 개가 잡혀 죽었단다.

일제 강점기에 개들의 비극과 수난은 계속되었어. 태평양 전쟁을 일으킨 일제는 털가죽을 얻기 위해 개들을 마구 잡아 죽인 거야. 개가죽으로 만주에서 추운 겨울을 보내야 하는 일본 관동군 70만 명의 방한복과 전투기 조종사들의 항공복을 만들어야 했거든.

털이 푹신푹신한 삽살개를 비롯한 우리나라 토종개들은 한 해 평균 10~15만 마리가 도살되었어. 1938년부터 1945년까지 희생된 개가 총 150여만 마리나 된다는구나. 그중에서도 삽살개만 50~100만 마리가 목숨을 잃었지.

> "고려 말의 학자 이제현의 증손자가
> 미친개에게 물려 죽었다면서요?"

이제현은 공민왕 때 문하시중을 지낸 정치가이자 학자야. 그의 증손자인 이담도 선조의 재능을 물려받아 조선 초기에 관료로 뛰어난 실력을 발휘했어. 상서사·사헌부 등 중요한 관청에서 일했으며, 직예 문관으로서 명나라에 '사은사'로 가기도 했지.

그런데 이담은 아깝게도 35세의 젊은 나이에 세상을 뜨고 말았어. 집에서 기르던 개에게 물려 죽은 거야. 그때 이담은 임금을 모시는 우부대언 벼슬에 있었어. 태종은 그가 미친개에게 물려 죽었다는 소식을 듣고 사람을 보내 깊은 애도의 뜻을 표했다는구나.

돈 주고 '파리'를 사들인 조선 총독부

1921년 4월 27일자 「동아일보」에는 다음과 같은 기사가 실렸단다.

> 경성부 위생계에서는 전염병을 예방할 목적으로, 병균을 전파하는 데 제일 위험한 파리를 사들이게 되었다. 한 마리에 3리씩의 정가를 주고 1921년 4월 25일부터 사들이기 시작했는데, 파리를 팔러 오는 사람들이 첫날에 모두 5백여 명이었다. 그리고 이들이 잡아 온 파리도 어마어마하게 많아 무려 14만 마리였다.

조선 총독부 경성부 위생계에서는 이처럼 전염병을 예방할 목적으로 사람들에게 파리를 사들였어. 파리는 콜레라, 장티푸스, 이질 등의 전염병을 옮기는 해로운 곤충이거든.

그런데 첫날 접수를 받아 보니 생각보다 많은 사람들이 파리를 팔러 온 거야. 덕분에 경성부 위생계 관리들은 몰려드는 사람들을 맞느라 다른 일을 할 수 없었고, 예상보다 많은 돈이 파리를 사들이는 데 들어갔어.

"야단났습니다. 첫날이 이 정도라면 파리를 사려고 준비한 돈이 금세 바닥나겠어요."

"그럼 어쩌지? 파리를 사겠다고 광고를 했는데 사람들에게 그만 오라고 할 수도 없잖아."

"이를 어쩐다?"

그때 관리들 중 한 명이 말했어.

"좋은 방법이 있어요! 차라리 파리 값을 크게 내리는 게 어떨까요? 한 마리에 3리씩 하는 파리 값을 1리로 하는 거예요. 그럼 사람들이 덜 오지 않을까요?"

"그래, 그 방법밖에 없겠어. 파리 값을 내리는 거야."

위생계 관리들은 머리를 맞대고 회의를 한 끝에 이런 결정을 내렸어. 그리고 다음 날부터는 파리 한 마리에 1리씩을 주고 사들였지.

그런데 웬걸. 파리 값을 내렸는데도 소용이 없었어. 입소문이 퍼지면서 첫날보다 더 많은 사람들이 몰려드는 바람에 예산보다 수십 배나 더 많은 돈이 지출되었지. 이렇게 되자 위생계에서는 하는 수 없이 파리를 사들이는 일을 이틀 만에 그만둘 수밖에 없었단다.

"경성 부민들의 항의가 빗발치고 있습니다. 파리를 사들인다고 실컷 광고해 놓고 이틀 만에 그만두는 법이 어디 있느냐는 겁니다."

"젠장, 그럼 어쩌지? 파리 한 마리에 1리씩 해도 지출이 어마어마할 텐데……."

위생계 관리들은 다시 고민에 빠졌어.

"할 수 없어요. 파리 값을 확 내리는 거죠, 뭐. 파리 한 홉에 5전씩 하는 거예요."

위생계는 또다시 값을 내려 파리를 사들이기 시작했어. 하지만 값을 너무 내렸는지 이제는 파리를 팔러 오는 사람이 별로 없었어. 위생계 관리들은 울상이 되었지.

"이거 참, 이렇게 호응이 없으면 이 일도 계속 시행할 수 없는데……."

"그렇다고 다시 예전 가격으로 올릴 수는 없잖아요."

그때 한 관리가 제안했어.

"차라리 이번 기회에 계몽 운동으로 바꾸는 건 어떨까요?"

"계몽 운동?"

"네, '파리 잡아 병 쫓고 돈 버니 매부 좋고 누이 좋다' 하는 식으로 떠들면서 사람들의 관심을 끄는 거죠."

"그래! 좋은 생각이야. 그렇게 계몽 운동으로 흐르면 파리 값이 싸도 크게 문제가 되지 않겠지."

위생계의 예상은 들어맞았어. 계몽 운동은 큰 호응을 얻어 점

점 전국 도시로 퍼져 나갔고, 대대적인 파리 박멸 운동을 전개할 수 있게 되었어. 어떤 도시에서는 현금으로 주지 않고 추첨권을 나눠 주어 1등은 5원, 2등은 3원, 3등은 2원, 4등은 1원 하는 식으로 당첨자를 뽑아 상금을 지급하기도 했단다.

> **사람들이 조선에 사는 일본인들의 고양이를 많이 잡아 없앴다면서요?**

1914년에는 조선에 성홍열이 기승을 부렸어. 조선 사람들은 이 전염병이 콜레라와 함께 일본 사람들이 갖고 들어온 병이라 생각했지. 그래서 일본 사람들이 기르는 고양이를 죽여 그들을 저주하면 일본 사람들이 앓아누워 성홍열이 멀리 달아나리라 믿었어.

이런 생각을 가진 사람들은 일본 사람들이 사는 집에 숨어들어 앞다투어 고양이를 잡아 죽였지. 이 시기만 해도 1백여 명이나 고양이 학살죄로 일본 경찰에 붙잡혔다는구나. 그 뒤부터 조선에 사는 일본 사람들은 집에서 고양이를 기르지 않았대.

태평양 바다에 빠졌다가 거북 등을 타고 살아 돌아오다

 1969년 8월 태평양 망망대해에서 기적 같은 일이 일어났어. 배를 타고 가다 바다에 빠진 한국인 외항 선원이 표류하다가 바다거북을 만나서 그 등을 타고 살아 돌아온 거야.

 구사일생의 주인공은 일본 상선 페트랄 나가라 호(8,700톤급)의 갑판원이었던 27세의 김정남 씨였어. 그는 8월 22일 밤 남미 니카라과 해안을 항해하고 있었지. 그때 배 안에서는 선원들끼리 술을 마시고 있었어. 독한 일본산 위스키 니까를 마시고 취한 김정남 씨는 바람을 쐬러 갑판으로 나왔어. 그런데 그만 발을 헛디뎌 바다에 풍덩 빠진 거야.

 "사람 살려!"

 김정남 씨는 고래고래 고함을 질렀어. 그러나 칠흑같이 어두운 밤바다에서 그의 소리를 들을 사람은 아무도 없었어.

그가 탔던 배는 어둠 속에 묻혀 보이지 않았어. 이미 멀리 사라져 버린 뒤였지.

김정남 씨는 물속에서 죽어라고 헤엄을 쳤어. 어떻게든 살아 보자는 생각이 들어 바닷속을 헤매고 다녔지. 그렇게 16시간이 흘러갔어. 김정남 씨는 기진맥진하여 더 이상 팔다리를 움직일 수 없었어.

그런데 그때 김정남 씨의 손에 부딪치는 물체가 있었어. 처음에는 상어가 아닌가 해서 겁이 덜컥 났지만, 자세히 보니 큰 거북이었어. 김정남 씨는 거북의 몸에 오른팔을 올려 보았어. 거북은 가만히 있었어. 이번엔 거북의 몸에 슬쩍 윗몸을 얹어 보았지. 그래도 거북은 얌전히 있었어. 바닷속으로 들어가지 않고 천천히 물 위를 헤엄쳐 갔어.

김정남 씨는 거북에게 몸을 맡긴 채 '이제 살았구나.' 싶어 안도의 숨을 내쉬었어. 그렇지만 마음을 놓을 수는 없었지. 거북이 바닷속으로 들어가면 큰일이기에 거북 등을 탄 채 자기 발로 헤엄을 쳤어. 거북에게 무게의 부담을 크게 주지 않으려고 말이야.

김정남 씨는 거북 등을 타고 그렇게 두 시간을 바다 위를 헤엄쳐 갔어. 그러는 동안 짙은 안개가 걷히고 차츰 먼동이 터오기 시작했지.

바로 그때 배 한 척이 지나가고 있었어. 스웨덴 화물선 시타벨 호였지. 김정남 씨는 한 팔로 거북의 등을 안은 채 배를 향해 힘껏 손을 흔들었어. 그러자 배에서 그를 발견하고 선원들이 손을 흔드는 거야.

배는 김정남 씨에게 다가왔어. 그러더니 구명보트를 내려 주었지. 김정남 씨는 구명보트에 올라 자신을 구해 준 거북을 살펴보았어. 몸길이가 1미터쯤 되고, 새까맣고 딱딱한 등껍질의 무늬는 5센티미터 정도였지.

거북은 시타벨 호에서 김정남 씨를 끌어올리자 슬그머니 물속으로 사라졌어. 마치 자신의 맡겨진 일을 다 끝낸 듯 말이지.

김정남 씨를 구출했던 시타벨 호의 선장 베더는 당시 상황을 이렇게 설명했어.

"나는 항해 중인 배 위에서 거대한 거북을 보았다. 거북은 물

위에 떠 있었는데 그냥 큰 바윗덩어리 같았다. 우리는 김정남 씨가 거북 등을 타고 있는 모습을 보았다. 구조된 그의 몸을 살펴보니 수많은 상처가 나 있었다. 무슨 작은 동물에게 물린 듯 이상스러운 상처였다. 무엇에 물렸는지 전혀 추측도 할 수 없었다."

김정남 씨의 몸에 난 상처는 표류 중에 작은 물고기들에게 물린 자리였어. 때로는 갈매기들이 덤벼들어 그의 몸을 쪼기도 했단다.

김정남 씨가 태평양 바다에 빠졌다가 거북 등을 타고 살아 돌아왔다는 소식은 전 세계에 알려졌어. 이 뉴스는 세계 사람들의 관심을 모았지.

AP 통신은 이 기적 같은 사건을 보도하며 캘리포니아 대학 교수인 해양 생물학자 말봄 고든 박사의 말을 인용했어.

바다거북은 원래 매우 예민해서 다른 물체가 몸에 닿으면 물속으로 들어가는 게 보통이다. 그런데 김정남 씨가 바다거북을 타고 2시간 이상 생명을 유지했다는 것은 참으로 놀라운 일이다. 다만 거북이 아프거나 상처를 입었을 때는 물 위에 오래 떠 있는데, 이번 김정남 씨의 경우가 여기에 해당된 것 같다.

UPI 통신은 30년 동안 거북을 연구해 온 '메릴랜드' 수족관의 수석 잠수부 제이크 제이콥의 말을 빌려 이 놀라운 소식을 전했단다.

김정남 씨의 경우는 거짓말은 아닐 것이다. 그를 구한 거북은 아마도 거북 중에서 가장 우둔한 장수거북일 것이다. 장수거북은 신경이 무디어서 누가 건드려도 전혀 신경을 쓰지 않는다.

거북은 김정남 씨를 태우고도 왜 물속으로 들어가지 않았을까? 언론 매체에서는 그 의문을 풀기 위해 전문가들의 의견을 듣기로 했어. 어떤 사람은 거북이 아프거나 상처를 입어서 물 위에 오래 떠 있었다고 했고, 또 다른 사람은 거북에 사람이 매달리면 부력이 생겨 물속으로 들어가기 힘들다고 했어. 김정남 씨를 태운 거북이 신경이 무딘 장수거북이라서 그런 현상이 벌어졌다느니, 거북은 때때로 몇 시간씩 물 위에 떠 있기도 한다느니 여러 의견이 나왔지.

김정남 씨가 거북 덕분에 목숨을 건졌다는 소식이 전해지자 부산에 있는 그의 집에서는 어머니가 송도 앞바다에서 용왕제를 지냈어. 아들을 무사히 살려 보내 준 거북의 만수무강을 빌었지. 그의 어머니는 어느 절의 방생 법회 회장이었대. 어린 나이에 외항선을 탄 아들을 생각하며 방생을 많이 하고, 또 거북을 사서 숱하게 바다에 넣어 주었다는구나. 김정남 씨는 다달이 봉급의 거의 전부를 부모님께 부쳐 주었대. 그래서 이웃 사람들은 그의 효심에 감동한 용왕님이 거북을 보내 그를 구해 주었다고 입을 모아 말했지.

바다에 빠졌다가 거북 등을 타고 살아 돌아온 김정남 씨는 자기를 살려 준 거북의 은혜를 잊을 수가 없었어. 그래서 해마다 8월이면 부인과 함께 부산 송도 앞바다에서 거북의 만수무강을 비는 용왕제를 지낸다는구나.

> **1991년에도 바다에 빠진 한국인 선원이 거북의 도움으로 살아남아 무사히 구조되었다면서요?**

1991년 2월 22일 방글라데시 치타콩 항 남쪽 뱅골만 해상을 조양 상선 소속 화물선 메이스타 호(2만 1천톤급)가 항해하고 있었어. 이 배는 곡물을 실어 나르는 배로, 영국 리버풀 항에서 밀을 싣고 방글라데시 치타콩 항을 향해 가고 있었지.

이 배에는 갑판원 임강룡 씨가 타고 있었어. 그런데 그는 새벽 6시 30분쯤 갑판 청소를 하다가 갑자기 들이닥친 파도에 휩쓸려 바다로 떨어진 거야. 그 순간 임강룡 씨는 '이제 죽었구나.' 하는 생각이 들었어. 메이스타 호는 그가 바다에 빠진 줄도 모르고 떠나갔지.

하지만 임강룡 씨는 이를 악물었어. '이렇게 허무하게 죽을 수 없어. 어떻게든 살아야 한다.'며 정신을 바짝 차리고 배가 떠난 쪽으로 헤엄을 치기 시작했어.

그렇지만 그는 얼마 못 가 금방 지쳐 버렸지. 피로감이 몰려오고 모진 추위에 정신을 차릴 수 없었어.

그때였어. 임강룡 씨는 자신의 몸이 물 위로 솟구치는 것을 느꼈어. 배 밑에 딱딱한 것이 있어 만져 보니 어떤 거북이 등으로 그를 받치고 있는 거야.

임강룡 씨는 깜짝 놀랐지. '이젠 살았구나.' 하는 생각을 하며 손목시계를 보았어. 어느새 3시간이 지나 9시 30분이었지.

그때 그는 문득 '거북 목을 끌어안으면 물속으로 들어가지 않는다.'고 누군가에게 들은 말이 생각났어. 그래서 얼른 거북의 목을 끌어안았어. 그즈음 메이스타 호에서는 임강룡 씨가 사라진 것을 뒤늦게 알고 그를 찾아 나섰어. 메이스타 호 선원들은 바다를 빙빙 돌며 망원경으로 주위를 살펴보았어. 그러다가 거북 등을 타고 있는 임강룡 씨를 발견했지. 그가 바다에 빠진 지 꼭 6시간 만이었어.

임강룡 씨는 거북의 도움으로 살아남아 무사히 구조되었어. 이 소식을 들은 마을 사람들과 친지들은 그의 집을 찾아와 '하늘이 돌본 목숨'이라며 잔치를 베풀어 주었다는구나.

37 자신을 돌봐 준 이웃집 할머니의 묘소를 찾아가 눈물을 흘린 소, 누렁이

　2007년 1월 12일 경상북도 상주시 사벌면 묵상리에서는 19세로 죽은 소 누렁이의 장례식이 열렸어. 마을 주민 100여 명은 꽃상여를 마련하여 염과 입관 등 장례 절차를 거쳤어. 누렁이는 꽃상여를 타고 마을 사람들의 배웅을 받으며 장지인 사벌면 삼덕리로 가서 경천대 박물관 옆에 묻혔지. 이 운구 행렬에는 조화 20여 개가 뒤따랐다고 하는구나.

　왜 상주에서는 소를 사람처럼 장례를 치러 주었을까? 그 이유를 알려면 14년 전인 1993년으로 거슬러 올라가야 해.

　암소 누렁이는 경상북도 예천군 용궁면에서 태어나 다섯 살 때인 1992년 8월 임봉선 할머니 집으로 팔려 왔어. 할머니 집에서 살며 송아지를 잘 낳아서 사랑을 받았지.

이웃집에는 김보배 할머니가 살고 있었어. 이 할머니는 외양간을 외롭게 지키는 누렁이를 몹시 귀여워했어. 날마다 외양간에 들러 누렁이를 쓰다듬어 주고 먹이를 주기도 했지. 할머니는 누렁이를 지극 정성으로 돌봐 주었던 거야.

김보배 할머니는 1993년 5월 23일에 돌아가셨어. 그런데 장례를 마친 다음 날인 25일, 외양간에 있던 누렁이가 고삐를 끊고 사라진 거야. 임봉선 할머니는 깜짝 놀랐지.

"우리 누렁이가 어디 갔지?"

할머니는 온 동네를 뒤진 끝에 누렁이를 겨우 찾아냈어. 세상에, 누렁이가 자신을 돌봐 준 김보배 할머니의 묘소에 가 있는 거야. 그곳은 마을에서 2킬로미터쯤 떨어진 은치산 중턱으로, 숲이 우거져 찾기가 힘든 곳이었어. 할머니의 정을 잊지 못한 누렁이는 할머니의 묘소를 바라보며 하염없이 눈물을 흘리고 있었단다.

임봉선 할머니는 누렁이를 달래어 마을로 데리고 내려갔어. 그런데 누렁이는 집으로 가지 않고 김보배 할머니 집으로 들어갔어. 그러더니 할머니 영정이 있는 빈소 앞에 서서 꼼짝도 하지 않는 거야. 마치 문상을 하듯 머리를 조아린 채 말이야.

김보배 할머니의 큰아들인 상주 서창호 씨는 그 모습을 보고 가슴이 뭉클했어.

"누렁이가 어머니의 빈소를 찾았구나. 일반 문상객처럼 예를 갖추어 접대를 해야지."

서창호 씨는 이렇게 말하며 막걸리 2병과 두부 3모, 양배추 1포기, 배추 1단을 누렁이에게 먹였단다.

마을 사람들은 누렁이의 행동을 보고 큰 감동을 받았어. 그래서 1994년 마을 회관 입구에 '의로운 소'라는 비석을 세웠고, 2007년 누렁이가 죽자 사람처럼 장례를 치러 준 거야.

사람들은 누렁이의 무덤을 '의로운 소의 무덤'이라 해서 '의우총'이라 부르고 있지.

누렁이가 눈을 감은 것은 2007년 1월 11일이었어. 죽기 며칠 전에 김보배 할머니의 영정을 누렁이에게 보여 주었지. 그러자 누렁이는 혀로 사진을 핥으며 눈물을 흘렸다는구나.

> **조선 시대에도 의로운 소가 있어
> 무덤을 만들어 주고
> '의우총'이라 불렀다면서요?**

의로운 소에 관한 이야기는 조선 시대에도 전해 내려오고 있어. 이 이야기는 1630년 선산부사 조찬한이 지은 『의우기』에 실려 있는 실화야. 옛날 지금의 구미시 산동면 인덕리 문수 마을에 김기년이란 농부가 살았어. 어느 날 농부가 산에 있는 밭에서 소를 몰고 밭을 가는데 난데없이 호랑이 한 마리가 나타난 거야. 호랑이는 소를 덮쳐 잡아먹으려고 했어. 하지만 농부가 작대기를 휘두르며 호랑이에게 덤벼들었지. 그러자 호랑이는 성이 나서 농부에게 달려들었단다. 그때 소는 가만있지 않았어. 주인을 구하려고 죽기 살기로 호랑이와 싸운 거야. 결국 호랑이는 소뿔에 받혀 죽고 말았지.

농부는 호랑이에게 물린 상처가 너무 깊어 며칠 뒤 숨을 거두었어. 그는 죽기 전에 아들에게 이런 유언을 남겼어.

"이 소는 의로운 소이니 팔지도 잡지도 마라. 늙어 죽으면 내 곁에 묻어 주렴."

농부가 죽자 소는 슬피 울며 음식을 먹지 않았어. 그리고 사흘 뒤에 주인을 따라 죽었지. 이 소식을 들은 사람들은 감동하여 소를 주인 옆에 묻어 주고 '의우총'이라 불렀다는구나.

참고 문헌

『개들이 있는 세계사 풍경』, 이강원, 이담Books, 2013
『개띠』, 김종대, 국학자료원, 1997
『겨레 유산 이야기』, 김삼웅, 삼인, 1998
『경기도 역사와 문화 백문백답』, 경기문화재단, 2010
『고구려 건국사』, 김기흥, 창작과비평사, 2002
『고구려 신라 백제가 중국 대륙을 지배했다』, 정용석, 책이있는마을, 2004
『고구려 왕조 700년사』, 한국역사연구회 엮음, 오상, 1997
『고구려의 그 많던 수레는 다 어디로 갔을까?』, 김용만, 바다출판사, 1999
『고구려인과 말갈족의 발해국』, 서병국, 한국학술정보(주), 2007
『고구려인의 삶과 정신』, 서병국, 혜안, 2000
『고대 왕국의 풍경, 그리고 새로운 시선』, 이근우, 인물과사상사, 2006
『고려도경』, 서긍 지음, 조동원·김대식·이경록·이상국·홍기표 공역, 황소자리, 2005
『고려를 다시 본다』, 최규성, 주류성, 2006
『고려 무인 이야기』 2, 이승한, 푸른역사, 2003
『고조선과 삼국의 발전』, 김종성, 문예마당, 2004
『과거 보러 가는 길』, 홍사중, 이다미디어, 2003
『교과서에도 나오지 않은 우리 문화 이야기』, 김진섭, 초당, 2001
『교과서에서 절대 가르치지 않는 세계사』, 이규조, 일빛, 2005
『그들이 본 임진왜란』, 김시덕, 학고재, 2012
『그러나 이순신이 있었다』, 김태훈, 일상이상, 2014
『금강산으로 가는 울산바위』, 서문성, 창, 1998
『기묘사화』, 한국인물사연구원, 타오름, 2011
『기상천외 조선사』, 강영민, 이가출판사, 2010
『길 따라 유적 따라 한국 역사 기행』, 한국고대사문제연구소, 형설출판사, 1994
『꾼』, 이용한, 실천문학사, 2001
『꿈으로 본 역사』, 홍순래, 중앙북스, 2007
『나는 모든 것을 알고 싶다』(성호사설선집), 김대중 편역, 돌베개, 2010
『남녘의 고구려 문화유산』, 백종오, 서경, 2006
『내 고장의 맥』, 경인일보사, 1984
『너희가 포도청을 어찌 아느냐』, 허남오, 가람기획, 2001
『노컷 조선왕조실록』, 김남, 어젠다, 2012
『노회찬과 함께 읽는 조선왕조실록』, 노회찬, 일빛, 2004

『다시 떠나는 이야기 여행』, 최운식, 종문화사, 2007
『다시 발견하는 한국사』, 이한, 뜨인돌, 2008
『다 아는 조선 왕실 이야기』, 공준원, 휴먼드림, 2013
『다큐멘터리 서울 정도 600년』 2, 이경재, 서울신문사, 1993
『대조영과 발해』, 김혁철, 자음과모음, 2006
『대한민국 명당』, 이규원, 글로세움, 2009
『대한제국아 망해라』, 윤효정 지음, 박광희 편역, 다산초당, 2010
『독도실록 1905』, 예영준, 책밭, 2012
『동아일보』 1969년 8월 28일
『두산 세계대백과사전』, 두산동아, 1996
『땅이름 속에 숨은 우리 역사』 2, 김기빈, 지식산업사, 2008
『떡국을 먹으면 부자 된다』, 윤덕노, 청보리, 2011
『맛의 전쟁사』, 김승일, 역사공간, 2007
『맛있는 한국사 인물전』, 양창진, 이숲, 2009
『무쇠를 가진 자, 권력을 잡다』, 이영희, 현암사, 2009
『문중양 교수의 우리 역사 과학 기행』, 문중양, 동아시아, 2006
『문학 시간에 옛글 읽기』, 전국국어교사모임 엮음, 나라말, 2008
『물고기의 세계』, 정문기, 일지사, 1974
『바다 기담』, 김지원 엮음, 청아출판사, 2009
『바다 생물 이름 풀이 사전』, 박수현, 지성사, 2008
『반역, 패자의 슬픈 낙인』, 배상열, 추수밭, 2009
『발해사』 3. 발해의 경제, 서병국 편저, 한국학술정보(주), 2006
『발해사 100문 100답』, 장국종, 자음과모음, 2006
『발해의 수수께끼』, 上田 雄 저, 최봉렬 역, 교보문고, 1994
『발해제국사』, 서병국, 서해문집, 2005
『백정, 외면당한 역사의 진실』, 이희근, 책밭, 2013
『베일 속의 한국사』, 박상진, 생각하는백성, 2002
『보고 생각하고 느끼는 우리 명승 기행』, 김학범, 김영사, 2013
『부끄러운 문화 답사기』, 기록문학회, 실천문학사, 1997
『브리태니커 세계대백과사전』, 한국브리태니커회사, 1992
『사건과 인물로 읽는 이야기 조선왕조사』, 서정우, 푸른숲, 1996
『사라진 서울』, 강명관 풀어 엮음, 푸른역사, 2009
『살아 있는 모든 것의 정복자, 곤충』, 메이 R. 베렌바움 지음, 윤소영 옮김, 다른세상, 2005
『삼국유사』, 일연 지음, 김원중 옮김, 을유문화사, 2002
『삼국유사를 걷는 즐거움』, 이재호, 한겨레출판, 2009
『33가지 동물로 본 우리 문화의 상징세계』, 김종대, 다른세상, 2001
『새롭게 본 발해사』, 고구려연구재단 편, 고구려연구재단, 2005
『서양보다 앞선 동양 문화 91가지』, 소준섭, 산하, 1997
『서양인의 조선살이, 1882-1910』, 정성화·로버트 네프, 푸른역사, 2008

『서울 개화 백경』, 박경룡, 수서원, 2006
『서울대공원의 야생동물』, 김영근, 좋은땅, 2011
『서울 시내 일제 유산 답사기』, 정운현, 한울, 1995
『서울 역사 이야기』, 박경룡, 수서원, 2003
『서울은 깊다』, 전우용, 돌베개, 2008
『서울을 알고 역사를 알고』, 박경룡, 수서원, 2003
『서울의 전설 60선』, 송인성, 학술자원공사, 1994
『서울의 해』, 김동복, 이화문화출판사, 2001
『선덕여왕』, 이적, 어문학사, 2009
『세종대왕과 그의 인재들』, 박영규, 들녘, 2002
『소송아, 게 물렀거라!』, 류승훈, 아이엠북, 2006
『스웨덴 기자 아손, 100년 전 한국을 걷다』, 아손 그렙스트 지음, 김상열 옮김, 책과함께, 2005
『승정원일기, 소통의 정치를 논하다』, 박홍갑·이근호·최재복, 산처럼, 2009
『시비를 던지다』, 강명관, 한겨레출판, 2009
『시장을 열지 못하게 하라』, 김대길, 가람기획, 2000
『식문화의 뿌리를 찾아서』, 유애령, 교보문고, 1997
『식전』, 장인용, 뿌리와이파리, 2010
『신비 동물원』, 이인식, 김영사, 2001
『18세기 조선 지식인의 발견』, 정민, 휴머니스트, 2007
『아니 놀지는 못하리라』, 유승훈, 월간미술, 2009
『알고 보면 지금과 비슷한 조선의 속사정』, 권우현, 원고지와만년필, 2013
『암호 이야기』, 박영수, 북로드, 2006
『야사로 보는 삼국의 역사』 2, 최범서, 가람기획, 2006
『어류의 생태』, 김무상, 아카데미서적, 2003
『에피소드로 본 한국사』, 박상진, 생각하는백성, 2002
『LTE 한국사』, 민병덕, 책이있는마을, 2014
『역사 바로알기』, 서병국, 한국학술정보(주), 2014
『역사 속의 역사 읽기』 1, 고석규·고영진, 풀빛, 1996
『역사 속의 인물 엿보기』(한국편), 참교육기획 엮음, 유원, 1999
『역사와 지명』, 김기빈, 살림터, 1996
『역사의 무대, 서울·서울·서울』, 박경룡, 수서원, 2003
『역사의 오솔길』, 임병무, 문경출판사, 2008
『역사ⓒ2』, EBS '역사채널ⓒ' 지음, 북하우스, 2013
『연산군, 그 인간과 시대의 내면』, 김범, 글항아리, 2010
『연산군, 그 허상과 실상』, 변원림, 일지사, 2008
『연합뉴스』 1991년 3월 4일
『열목어 눈에는 열이 없다』, 권오길, 지성사, 2003
『옛길, 문경 새재』, 안태현, 대원사, 2012

『옛날에도 변호사가 있었나요?』, 민병덕, 책이있는마을, 2007
『옛날에도 일요일이 있었나요?』, 민병덕, 책이있는마을, 2003
『오늘 역사가 말하다』, 전우용, 투비북스, 2012
『왼손엔 미음그릇 오른손엔 회초리』, 이신성, 보고사, 2008
『왕의 영혼, 조선의 비밀을 말하다』, 이상주, 다음생각, 2012
『왕의 투쟁』, 함규진, 페이퍼로드, 2007
『우리가 몰랐던 조선』, 장학근, 플래닛미디어, 2010
『우리가 몰랐던 조선 이야기』, 김인호·박훤, 자작나무, 1999
『우리가 일본에 전해준 고대 하이테크 100가지』, 손제하 지음, 하일식 옮김, 일빛, 1996
『우리가 정말 몰랐던 고려 이야기』, 김인호, 자작, 2001
『우리가 정말 알아야 할 우리 곤충 백가지』, 김진일, 현암사, 2002
『우리가 정말 알아야 할 우리 민물고기 백가지』, 최기철, 현암사, 1994
『우리 궁궐의 비밀』, 혜문, 작은숲, 2014
『우리나라의 세계 문화 유산』 1, 송명석·박재호·김은주, 반석출판사, 2013
『우리네 세상살이 말도 많고』, 박정로, 여강출판사, 1992
『우리 마을』, 이상훈, 신아출판사, 1997
『우리 문화 길라잡이』, 국립국어연구원, 학고재, 2002
『우리 민속 아흔아홉 마당』 1-2, 김재일, 한림미디어, 1997
『우리 민족의 놀이 문화』, 조완묵, 정신세계사, 2006
『우리 설화』, 김문수, 돋을새김, 2010
『우리 역사 씨날틀』, 씨줄과 날줄 엮음, 뜨인돌, 1996
『우리 할머니가 들려주는 재미있는 옛이야기 100가지』, 민윤식, 자유문학사, 2005
『워 스토리』, 양대규, 교학사, 2006
『운명을 읽는 코드 열두 동물』, 천진기, 서울대학교출판부, 2008
『유물 속의 동물 상징 이야기』, 박영수, 내일아침, 2005
『이규태의 600년 서울』, 이규태, 조선일보사, 1993
『이규태 코너』(1991-1995), 이규태, 월간조선사, 1998
『이규태 코너』(1996-1998), 이규태, 월간조선사, 2002
『이규태 코너』 19-20, 이규태, 기린원, 1996
『이노근의 경복궁 기행 열전』, 이노근, 종로신문사, 2005
『이덕일의 고금통의』 1-2, 이덕일, 김영사, 2014
『이덕일의 역사사랑』, 이덕일, 랜덤하우스, 2007
『20세기 이야기』(1990년대), 김정형, 답다, 2014
『21세기 웅진학습백과사전』, 웅진닷컴, 1998
『이야기가 있는 경복궁 나들이』, 강경선·김재홍·양달섭·윤종배·이인석, 역사넷, 2000
『이야기 고려사』, 오상역사연구회, 오상출판사, 1997
『이야기 고려 야사』, 김형광, 시아출판사, 2008
『이야기 인물 한국사』, 이현희, 청아출판사, 1986

『이야기 조선왕조 500년 야사』, 김영균 편저, 효원출판, 2007
『이야기 한국사』, 이현희·교양국사연구회 엮음, 청아출판사, 2002
『이이화 한국사 이야기』 9, 이이화, 한길사, 2000
『이현희 교수의 손에 잡히는 역사 에세이』, 이현희, 학연문화사, 2000
『인간 이순신 평전』, 박천홍, 북하우스, 2005
『인물로 보는 고려사』, 송은영, 시아출판사, 2003
『인물로 읽는 고려사』, 정성희, 청아출판사, 2000
『일본으로 간 조선의 선비들』, 김경숙, 이순, 2012
『일본은 죽어도 모르는 독도 이야기 88』, 이예균·김성호, 예나루, 2005
『일상으로 본 조선 시대 이야기』 1-2, 정연식, 청년사, 2001
『일제 침략사 65장면』, 친일문제연구회 엮음, 가람기획, 1996
『읽을거리만 뽑은 연산군 일기』, 육광남, 하늘과땅, 2006
『임진왜란은 문화 전쟁이다』, 김문길. 혜안, 1995
『임진왜란은 조선이 이긴 전쟁이었다』, 양재숙, 가람기획, 2012
『자연과 정성의 산물, 우리 음식』, 국사편찬위원회 편, 두산동아, 2006
『재미로 읽는 조선왕조실록』(붓잡이들의 천국, 조선의 전쟁과 평화), 김용삼, 월간조선사, 2004
『재미로 읽는 조선왕조실록』(조선은 어떻게 망했는가?), 김용삼, 월간조선사, 2004
『재미로 읽는 조선왕조실록』(조선을 뒤흔든 기상천외한 스캔들), 김용삼, 월간조선사, 2004
『저잣거리의 목소리들』, 이승원, 천년의상상, 2014
『전설 속의 관광지』, 윤창운, 한국관광공사, 1997
『전쟁이 요리한 음식의 역사』, 도현신, 시대의창, 2011
『제왕들의 책사』(고려시대편), 신영란, 생각하는백성, 2001
『조광조』, 이상성, 성균관대학교출판부, 2006
『조복성 곤충기』, 조복성 지음, 황의웅 엮음, 뜨인돌, 2011
『조선과 그 이웃 나라들』, I. B. 비숍 저, 신복룡 역, 집문당, 2013
『조선과 만나는 법』, 신병주, 현암사, 2014
『조선 과학 실록』, 이성규, 맞닿음, 2014
『조선 동물기』, 김홍식 엮음, 서해문집, 2014
『조선 무사』, 최형국, 인물과사상사, 2009
『조선 백성 실록』, 정명섭, 북로드, 2013
『조선 비화』, 배상열, 청아출판사, 2008
『조선사 진검 승부』, 이한우, 해냄, 2009
『조선왕들의 생로병사』, 강영민, 이가출판사, 2009
『조선왕조 귀신실록』, 김용관, 돋을새김, 2011
『조선유사』, 박영수, 살림Friends, 2010
『조선의 9급 관원들, 하찮으나 존엄한』, 김인호, 너머북스, 2011
『조선의 국왕과 의례』, 정재훈, 지식산업사, 2010
『조선의 백과사전을 읽는다』, 이철, 알마, 2011

『조선의 왕으로 살아가기』, 심재우·한형주·임민혁·신명호·박용만·이순구, 돌베개, 2011
『조선의 탐식가들』, 김정호, 따비, 2012
『조선은 뇌물 천하였다』, 정구선, 팬덤북스, 2012
『조선을 구한 신목, 소나무』, 강판권, 문학동네, 2013
『조선을 뒤집은 황당무계한 사건들』, 정구선, 팬덤북스, 2014
『조선을 만든 사람들』, 이성무, 청아출판사, 2009
『조선을 바꾼 반전의 역사』, 김종성, 지식의숲, 2012
『조선 지식인의 아름다운 문장』, 고전연구회 사암 한정주·엄윤숙, 포럼, 2007
『조선 직업 실록』, 정명섭, 북로드, 2014
『조선 통신사의 일본 견문록』, 강재언 지음, 이규수 옮김, 한길사, 2005
『조선 통신사, 일본과 통하다』, 손승철, 동아시아, 2006
『조선 평전』, 신병주, 글항아리, 2011
『조선 풍속사』 1-2, 강명관, 푸른역사, 2010
『종묘와 사직』, 강문식·이현진, 책과함께, 2011
『주강현의 관해기』 2, 주강현, 웅진지식하우스, 2006
『쥐띠』, 김의숙, 국학자료원, 1997
『중앙일보』 1969년 8월 30일, 9월 9일, 1980년 9월 24일
『지명이 품은 한국사』 1-2, 이은식, 타오름, 2010
『지명이 품은 한국사』 3-4, 이은식, 타오름, 2011
『책에 미친 바보』(이덕무 산문선), 권정원 편역, 미다스북스, 2004
『처음 만나는 우리 문화』, 이이화, 김영사, 2012
『"천하의 중심" 고구려』, 이윤섭, 코리아쇼케이스, 2004
『청계천은 살아 있다』, 이경재, 가람기획, 2002
『춤추는 발해인』, 강인욱, 주류성, 2009
『친절한 조선사』, 최형국, 미루나무, 2007
『태조고황제』, 임중빈, 계명사, 2002
『태조·정종본기』, 이재황 엮어 옮김, 청간미디어, 2001
『태종본기』 1-2, 이재황 엮어 옮김, 청간미디어, 2001
『테라우치 총독, 조선의 꽃이 되다』, 이순우, 하늘재, 2004
『토산물로 본 조선』, 최두환, 경남, 2006
『하늘에다 베를 놓고 별을 잡아 무늬 놓고』, 이화형, 월인, 2007
『하룻밤에 읽는 고려사』, 최용범, 중앙M&B 2003
『하룻밤에 읽는 한국사』, 최용범, 랜덤하우스중앙, 2001
『학교에서 가르쳐 주지 못한 우리 역사』, 원유상, 좋은날들, 2013
『학원세계대백과사전』, 학원출판공사, 1994
『한국민족문화대백과사전』, 한국정신문화연구원, 1991
『한국사 눈뜨기』, 이경수, 동녘, 2000
『한국사를 읽는 12가지 코드』, 신명호, 다산초당, 2011

『한국사 악인열전』, 도현신, 채륜, 2009
『한국세계대백과사전』, 동서문화사, 1995
『한국 역사 민속학 강의』 1, 한국역사민속학회 엮음, 민속원, 2001
『한국의 봉수』, 조병로·김주홍, 눈빛, 2003
『한국의 유산』, KBS 한국의 유산 제작팀, 상상너머, 2011
『한국의 지명 유래』 2, 김기빈, 지식산업사, 1989
『한국인의 민속 문화』 1, 3, 이규태, 신원문화사, 2000
『한국인의 밥상』, KBS '한국인의 밥상' 제작팀, 시드페이퍼, 2011
『한국인의 밥상 문화』 1-2, 이규태, 신원문화사, 2000
『한국인 이야기』 4, 김현룡, 자유문학사, 2001
『한국인이 잘 모르는 뜻밖의 한국』, 김경훈, 가서원, 1998
『한국 최초 101장면』, 김은신, 가람기획, 1998
『한국 7대 불가사의』, 이종호, 역사의아침, 2007
『한 권으로 읽는 고구려왕족실록』, 박영규, 웅진지식하우스, 2004
『한 권으로 읽는 백제왕조실록』, 박영규, 웅진닷컴, 2000
『한 권으로 읽는 세종대왕실록』, 박영규, 웅진지식하우스, 2008
『한 권으로 읽는 조선왕조실록』, 박영규, 들녘, 1996
『한 권으로 정리한 이야기 조선왕조사』, 교양국사연구회, 윤태영·구소청, 청아출판사, 1997
『한석우의 역사 산책』, 한석우, 경남, 1994
『한일 관계 2천년(보이는 역사, 보이지 않는 역사)』(근세), 한일관계사학회, 경인문화사, 2006
『함께 떠나는 이야기 여행』, 최운식, 종문화사, 2001
『호판댁 나귀는 약과도 싫다하네』, 이규태, 조선일보사, 2000
『홀로 벼슬하며 그대를 생각하노라』, 정창권 풀어씀, 사계절, 2003
『홍어 장수 문순득, 조선을 깨우다』, 서미경, 북스토리, 2010
『흔적의 역사』, 이기환, 책문, 2014

*사진출처: 국립중앙박물관, 국립고궁박물관, 위키백과, 셔터스톡코리아